U0556063

中国古代典籍

陈薛俊怡　编著

中国商业出版社

图书在版编目（CIP）数据

中国古代典籍 / 陈薛俊怡编著. —— 北京：中国商业出版社，2015.10
 ISBN 978-7-5044-8579-3

Ⅰ.①中… Ⅱ.①陈… Ⅲ.①古籍-介绍-中国 Ⅳ.①Z835

中国版本图书馆 CIP 数据核字（2015）第 229221 号

责任编辑：刘洪涛

中国商业出版社出版发行
010-63180647　www.c-cbook.com
（100053 北京广安门内报国寺 1 号）
新华书店总店北京发行所经销
北京飞达印刷有限责任公司

*

710×1000 毫米　16 开　12.5 印张　200 千字
2015 年 11 月第 1 版　2015 年 11 月第 1 次印刷
定价：25.00 元

*　*　*　*

（如有印装质量问题可更换）

《中国传统民俗文化》编委

主　编	傅璇琮	著名学者，原国务院古籍整理出版规划小组秘书长，清华大学古典文献研究中心主任教授，原中华书局总编辑
顾　问	蔡尚思	著名历史学家，中国思想史研究专家
	卢燕新	南开大学文学院副教授
	王永波	四川省社会科学院文学研究所副研究员
	叶　舟	中国思维科学研究院院长，清华大学、北京大学特聘教授
	于春芳	北京第二外国语学院教授
	杨玲玲	西班牙文化大学文化与教育学博士
编　委	陈鑫海	首都师范大学中文系博士
	李　敏	北京语言大学古汉语古代文学博士
	赵　芳	出版社高级编辑，曾编辑出版过多部文化类图书
	韩　霞	山东教育基金会理事，作家
	陈　娇	山东大学哲学系讲师
	吴军辉	河北大学历史系讲师
	石雨祺	出版社高级编辑，曾编辑出版过多部历史类图书
	王　欣	全国特级教师
策划及副主编	王　俊	

序　言

中国是举世闻名的文明古国，在漫长的历史发展过程中，勤劳智慧的中国人，创造了丰富多彩、绚丽多姿的文化，可以说人创造了文化，文化创造了人，这些经过锤炼和沉淀的古代传统文化，凝聚着华夏各族人民的性格、精神、智慧，是中华民族相互认同的标志和纽带。在人类文化的百花园中摇曳生姿，展现着自己独特的风采，对人类文化的多样性发展作出了巨大贡献。中国传统民俗文化内容广博，风格独特，深深地吸引着世界人民的眼光。

正因如此，我们必须深入学习贯彻十八届三中全会精神，按照中央的规定，加强文化建设。2006年5月，时任浙江省委书记的习近平同志就已提出："文化通过传承为社会进步发挥基础作用，文化会促进或制约经济乃至整个社会的发展。"又说："文化的力量最终可以转化为物质的力量，文化的软实力最终可以转化为经济的硬实力"。（《浙江文化研究工程成果文库总序》）今年他去山东考察时，又再次强调：中华民族伟大复兴，需要以中华文化发展繁荣为条件。

学习习近平同志的重要讲话，确可体会到，在政治、经济、军事、社会和自然要素之中，文化是协调各个要素协同发展、相关耦合的关健。正因为此，我们应该对华夏民族文化进行广阔、全面的检视。我们应该唤醒我们民族的集体记忆，复兴我们民族的伟大精神，发展和繁荣中华民族的优秀文化，为我们民族在强国之路上阔步前行创设先决条件。

实现民族文化的复兴,更必须传承中华文化的优秀传统。现代中国人,特别是年轻人,对传统文化十分感兴趣,蕴含感情。但当下也有人对具体典籍、历史事实不甚了解,比如说,中国是书法大国,谈起书法,有些人或许只知道些书法大家如王羲之、柳公权等等的名字,知道《兰亭集序》是千古书法珍品,仅此而已。再比如说,我们都知道中国是闻名于世的瓷器大国,中国的瓷器令西方人叹为观止,中国也因此而获得了"瓷器之国"(英语 china 的另一义即为瓷器)的美誉。然而关于瓷器的由来、形制的演变、纹饰的演化、烧制等等瓷器文化的内涵,就知之甚少了。中国还是武术大国,然而国人的武术知识,或许更多地来源于一部部精彩的武侠影视作品,对于真正的武术文化,我们也难以窥其堂奥了。我们还是崇尚玉文化的国度,我们的祖先,发现了这种"温润而有光泽的美石",并赋予了这种冰冷的自然物以鲜活的生命力和文化性格,例如"君子当温润如玉",女子应"冰清玉洁"、"守身如玉";"玉有五德",即"仁"、"义"、"智"、"勇"、"洁",等等。今天,熟悉这些玉文化的内涵的国人,也为数不多了。

　　也许正有鉴于此,有忧于此,近年来,已有不少有志之士,开始了复兴中国传统文化的努力,读经热开始风靡海峡两岸,不少孩童乃至成人,开始重拾经典,在故纸旧书中品味古人的智慧,发现古文化历久弥新的魅力。电视讲坛里一波又一波对古文化的讲述,也吸引着数以万计的人们,重新审视古文化的价值。现在放在读者眼前的这套"中国传统民俗文化丛书",也是这一努力的又一体现。我们现在确应注重研究成果的学术价值和应用价值,充分发挥其认识世界、传承文化、创新理论、咨政育人的重要作用。

　　中国的传统文化内容博大,体系庞杂,该如何下手,如何呈现?这套丛书处理得可谓系统性强,别具心思。编者分别按物质文化、制度文化、精神文化等方面来分门别类地进行组织编写,例如在物质文化的层面,就有中国古代纺织、中国古代酒具、中国古代农具、中国古代青铜器、中国古代钱币、中国古代石刻、中国古代木雕、中国古代建筑、中国古代砖瓦、中国古代玉器、中国古代陶器、中国古代漆器、中国古代桥梁等等。

在精神文化的层面，就有中国古代书法、中国古代绘画、中国古代音乐、中国古代艺术、中国古代篆刻、中国古代家训、中国古代戏曲、中国古代版画等等；在制度文化的层面，就有中国古代科举、中国古代官制、中国古代教育、中国古代军队、中国古代法律等等。

此外，在历史的发展长河中，中国各行各业还涌现出一大批杰出的人物，至今闪耀着夺目的光辉，启迪后人，示范来者，对此，这套丛书也给予了应有的重视，中国古代名将、中国古代名相、中国古代名帝、中国古代文人、中国古代高僧等等，就是这方面的体现。

生活在21世纪的我们，或许对古人的生活颇感好奇，他们的吃穿住用如何？他们如何过节？如何安排婚丧嫁娶？如何交通？孩子如何玩耍？等等。这些饶有兴趣的内容，这套中国传统民俗文化丛书，都有所涉猎，例如中国古代婚姻、中国古代丧葬、中国古代节日、中国古代风俗、中国古代礼仪、中国古代饮食、中国古代交通、中国古代家具、中国古代玩具、中国古代鞋帽等等，这些书籍介绍的，都是人们深感兴趣，平时却无从知晓的内容。

在经济生活的层面，这套丛书安排了中国古代农业、中国古代纺织、中国古代经济、中国古代贸易、中国古代水利、中国古代车马、中国古代赋税等等内容，足以勾勒出古人经济生活的主要内容，让今人得以窥见自己祖先曾经的经济生活情状。

在物质遗存方面，这套丛书则选择了中国古镇、中国古楼、中国古寺、中国古陵墓、中国古塔、中国古战场、中国古村落、中国古街、中国古代宫殿、中国古代城墙、中国古关等内容。相信读罢这些书，喜欢中国古代物质遗存的读者，已经能大致掌握这一领域的大多数知识了。

除了上述内容外，其实还有很多难以归类却饶有兴趣的内容，例如中国古代的乞丐这样的社会史内容，也许有助于我们深入了解这些古代社会底层民众的真实生活情状，走出武侠小说家们加诸他们身上的虚幻不实的丐帮色彩，还原他们的本来面目，加深我们对历史真实的了解。继承和发扬中华民族几千年创造的优秀文化和民族精神是我们责无旁贷的历史责任。

不难看出，单就内容所涵盖的范围广度来说，有物质遗产，有非物质遗产，还有国粹。这套丛书无疑当得起"中国传统文化的百科全书"的美誉了。这套书还邀约了大批相关的专家、教授参与并指导了稿件的编写工作。应当指出的是，这套书在写作中，既钩稽、爬梳大量古代文化文献典籍，又参照近人与今人的研究成果，将宏观把握与微观考察相结合。在论述、阐释中，既注意重点突出，又着重于论证层次清晰，从多角度、多层面对文化现象与发展加以考察。这套丛书的出版，有助于我们走进古人的世界，了解他们的美好生活，去回望我们来时的路。学史使人明智。历史的回眸，有助于我们汲取古人的智慧，借历史的明灯，照亮未来的路，为我们中华民族的伟大崛起添砖加瓦。

　　是为序。

2014年2月8日

前 言

中国历史悠久，文化灿烂，是举世闻名的文明古国。历代编纂流传的文献典籍既是中华文化发展的结晶，记录着我国的历史文化，也是中华文化传承、传播的载体。我国古代的文献典籍何时产生，学界观点不一。有的认为始于殷商甲骨文，也有学者认为始于春秋战国的经子之书，距今至少已有两千五百年的历史。我国古代文献典籍的编纂兴起以后，从此再无停滞，尽管历经诸多厄运，焚书、战火、自然灾害，但同时也经过人为保护、优胜劣汰、社会选择，大量的典籍最终得以保存和流传。典籍的形态，经历过甲骨、金属、石版、竹简、木牍、布帛，最后主要为纸张承载，以雕版印刷为主要形式。我国历代编纂的纸质典籍总数，学术界多取10万种之说，也有人认为有12万或8万种；加上其他形态的典籍，总数有10万种以上。因此人们常常用浩如烟海、汗牛充栋来形容我国古代典籍的数量庞大、丰富多样。

中国典籍旧有新传，代有新作，多如丘山，浩如烟海，将中华民族的睿智思维物化了出来，凝结成为灿烂的华夏文化。

我国古代文化典籍的分类有多种，但按照经、史、子、集四部分类法是经过历史选择且学界最能接受和认可的古籍分类方法。大致说来，经部包括儒家经典及对其解释注疏之书、阅读使用经书的字词工具书；史部包括历史、地理、目录之书；集部包括文学之书，除此之外的典籍都归入子部。

　　本书参照传统的四部分类法，时间大致自春秋战国时期至清末，选取100余种较能代表我国传统文化的典籍，分为儒家典籍、史学典籍、诸子百家典籍、集部典籍四大类；每大类下又细分为若干小类，首先略加概述，然后列举代表性的文化典籍加以介绍，依次讲述该书的作者、成书过程、内容、价值、较好版本等相关信息，字数少则数百字，多则千余字，不一而足。

　　五千年文明史，支撑、提炼和构建了内容丰富、绚丽多彩的中国传统文化。中国传统文化的传承，途径多样，既有文化典籍承载，也有口耳相传。而历代编撰的典籍中，经过时代和大众选择出的优秀文化典籍是其中的精华之作，它们所承载的传统文化属于正宗的中国传统文化精华，是"阳春白雪"。浓缩的精品经久不衰，读者可以由此概览中国传统文化的精华所在。

目录

第一章 古代典籍概述

第一节 典籍与典籍的产生 … 2
典籍的概念 … 2
人类智慧的结晶——古籍源流 … 3
简牍时期 … 3
缣帛时期 … 4
纸书时代 … 4
雕版印刷术的发明 … 4
宋代刻书写华章 … 5
明清刻书盛况空前 … 7

第二节 典籍的装帧艺术 … 10
古籍的版面设计 … 11
古籍的插图版画 … 12
中国古代典籍的装帧形制 … 14
卷轴装 … 14
旋风装 … 15
经折装 … 15
蝴蝶装 … 16
包背装 … 17
线装 … 18

第二章 儒家典籍

第一节 儒家典籍概述 ……………………………… 20
经学的形成与发展 ………………………………………… 20
经学的解经典籍 …………………………………………… 21
小学与文字、音韵、训诂典籍 …………………………… 23

第二节 千秋典范——十三经 ……………………… 24
《周易》——群经之首，大道之源 ……………………… 24
《尚书》——中国现存最早的史书 ……………………… 25
《论语》——习得半部治天下 …………………………… 26
《礼记》——最早的封建礼制教科书 …………………… 27
《仪礼》——古代礼仪典范 ……………………………… 28
《周礼》——中国最早和最完整的官制记录 …………… 29
《孝经》——古代伦理学鸿篇巨著 ……………………… 30
《尔雅》——我国最早的一部解释词义的专著 ………… 31
《孟子》——孟子儒家思想的精华 ……………………… 33
《春秋左传》——"《春秋》三传"之一 ……………… 34
《春秋公羊传》——"《春秋》三传"之二 …………… 35
《春秋谷梁传》——"《春秋》三传"之三 …………… 36
《十三经注疏》——华夏文明的核心典籍 ……………… 36

第三节 其他儒家典籍 ……………………………… 37
《孔子家语》——中国图书史中最著名的"伪书" …… 37
《新书》——论礼教为治国之本 ………………………… 38
《春秋繁露》——西汉今文经学的重要著作 …………… 38
《新语》——汉代确立儒家思想统治地位的先声 ……… 39
《大戴礼记》——研究中国早期儒学的基本资料 ……… 40
《白虎通义》——封建统治阶级的神学、伦理学法典 … 41
《四书集注》——宣传理学道义的权威教科书 ………… 42
《孔子集语》——孔子言行事迹的文字汇编 …………… 44
《经学历史》——中国第一部经学史专著 ……………… 45

第四节　文字训诂典籍

《方言》——第一部对方言词汇进行比较研究的专著 ········ 47
《说文解字》——文献语言学的奠基之作 ·················· 48

第三章　史学典籍

第一节　史学典籍概述 ································· 50
史学典籍的形成与发展 ································· 50
二十四史 ··· 51

第二节　正史 ··· 52
《史记》——中国第一部纪传体通史 ······················ 52
《汉书》——我国第一部纪传体断代史 ···················· 53
《三国志》——三国时代的纪传体国别断代史 ·············· 54
《晋书》——成于众手的官修纪传体正史 ·················· 55
《隋书》——现存最早的隋史专著 ························ 57
《南史》——南朝四代一体的纪传体史著 ·················· 57
《北史》——北朝五代一体的纪传体史著 ·················· 58
《旧唐书》——现存最早的系统记录唐代历史的史籍 ········ 58
《新五代史》——唐代以后唯一的私修正史 ················ 59
《宋史》——篇幅最庞大的一部官修史书 ·················· 59
《辽史》——元代官修的辽朝纪传体正史 ·················· 61
《金史》——元代官修的金朝纪传体正史 ·················· 61
《元史》——系统记载元朝兴亡的纪传体断代史 ············ 62
《明史》——二十四史中的收山之作 ······················ 62

第三节　杂史野史 ····································· 63
《竹书纪年》——古代唯一留存的未经秦火的编年通史 ······ 63
《战国策》——一部最完整的战国杂史 ···················· 64
《列女传》——中国第一部女性名人传记 ·················· 66
《资治通鉴》——中国第一部编年体通史 ·················· 67
《人物志》——系统品鉴人物才性的纵横家著作 ············ 68

《史通》——世界首部系统性的史学理论专著……68
《东京梦华录》——北宋都城开封府的城市风貌……69
《湘山野录》——北宋名僧的笔记体野史……71
《草木子》——明人笔记的一部伟大著作……71
《明夷待访录》——明末清初的"人权宣言"……73

第四节 典志地理……74

《山海经》——我国最早的一部地理学专著……74
《盐铁论》——西汉经济思想史的一部重要著作……75
《华阳国志》——我国现存最早的方志之一……76
《大唐西域记》——古代印度旅行记……77
《唐六典》——我国现存最早的一部行政法典……78

第四章 诸子典籍

第一节 诸子百家典籍概述……82

百家争鸣……82
小说的创作及其典籍……83
兵法传统与兵家典籍……85
佛道典籍……86
科技典籍……87
蒙学典籍……87

第二节 诸子百家……88

《晏子春秋》——我国最早的故事集……88
《商君书》——先秦法治理论的宣言……90
《曾子》——齐家、治国、平天下……91
《墨子》——古代劳动人民的哲学……92
《荀子》——朴素的唯物主义巨作……93
《韩非子》——法家理论集大成之作……93
《列子》——睿智与哲理并存的道教经典……94
《公孙龙子》——辩名析物的言论派……95

《吕氏春秋》——先秦思想文化的总结 …………………………… 96
《淮南子》——古代先汉学术史 …………………………………… 96
《神灭论》——无神论宣言 ………………………………………… 97

第三节　兵书 …………………………………………………… 98

《孙子兵法》——现存最早的兵书 ………………………………… 98
《六韬》——兵家权谋的始祖 ……………………………………… 99
《尉缭子》——杂家与兵家相结合 ………………………………… 99
《吴子》——内修文德，外治武备 ………………………………… 100
《司马法》——闳廓深远，论述广泛 ……………………………… 101
《黄石公三略》——揉合儒、道、法、墨诸家思想的战略
　兵书 ………………………………………………………………… 101
《三十六计》——数中有术，术中有数 …………………………… 102
《唐太宗李卫公问对》——问答体语录兵法 ……………………… 103
《纪效新书》——古代军事训练学专著 …………………………… 103

第四节　佛教典籍 ……………………………………………… 105

《四十二章经》——我国最早翻译的佛教经典 …………………… 105
《肇论》——佛教哲学名著 ………………………………………… 105
《金刚经》——中国禅宗南宗的立宗典据 ………………………… 106
《妙法莲华经》——大乘佛教的重要经典 ………………………… 107
《六祖坛经》——中国唯一一部本土佛经 ………………………… 108
《心经》——色不异空，空不异色 ………………………………… 109

第五节　道教典籍 ……………………………………………… 109

《老子》——道家学派的奠基之作 ………………………………… 109
《庄子》——天下大道逍遥游 ……………………………………… 110
《周易参同契》——现存最早的丹经著作 ………………………… 112
《抱朴子》——古代道家修炼心法 ………………………………… 112

第六节　科技典籍 ……………………………………………… 114

《黄帝内经》——中国现存最早的中医理论专著 ………………… 114
《星经》——世界上最早的天文学著作 …………………………… 115
《考工记》——我国最早的手工业技术文献 ……………………… 115

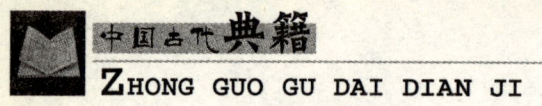

《九章算术》——中国古代数学完整体系形成的标志 …… 116
　　《大明历》——我国历法史上第二次大改革 …… 117
　　《伤寒论》——一部阐述外感及其杂病治疗规律的专著 …… 117
　　《梦溪笔谈》——中国科学史上的坐标 …… 118
　　《天工开物》——中国17世纪的工艺百科全书 …… 119
　　《本草纲目》——我国古代药物学的总结性巨著 …… 120

第七节　书画评论 …… 121
　　《古画品录》——我国最早的画论专著 …… 121
　　《唱论》——我国最早的声乐理论专著 …… 122
　　《书法雅言》——中国明代书法理论著作 …… 123
　　《书目答问》——中国古籍推荐书目 …… 123
　　《广艺舟双楫》——晚清最重要的书法专著 …… 124

第八节　小说 …… 125
　　《穆天子传》——先秦历史神话典籍 …… 125
　　《博物志》——志怪小说集萃 …… 126
　　《世说新语》——魏晋名士的群体像 …… 127
　　《三国演义》——中国第一部长篇章回体小说 …… 128
　　《水浒传》——我国最早的白话长篇小说 …… 129
　　《西游记》——杰出的长篇神魔小说 …… 130
　　《金瓶梅》——我国古典小说的分水岭 …… 131
　　《三言二拍》——流传最广的传奇短篇小说集 …… 132
　　《红楼梦》——我国古代最伟大的长篇小说 …… 133
　　《聊斋志异》——中国古典短篇小说的巅峰之作 …… 134
　　《儒林外史》——杰出的现实主义长篇讽刺小说 …… 135

第五章　集部典籍

第一节　古代集部典籍的创作与发展 …… 138
　　诗歌的创作及其典籍 …… 138
　　散文的创作及其典籍 …… 140

戏剧的创作及其典籍 …………………………………… 142
诗文评论及其典籍 ……………………………………… 145
文学典籍中的诗文总集与别集 ………………………… 146
类书与丛书 ……………………………………………… 148

第二节 诗词文曲 …………………………………………… 149

《诗经》——我国最早的诗歌总集 …………………… 149
《楚辞》——我国浪漫主义文学的源头 ……………… 150
《乐府诗集》——总括古代乐府歌词的诗歌总集 …… 151
《窦娥冤》——我国古代悲剧的代表作 ……………… 153
《西厢记》——我国古典戏剧的现实主义杰作 ……… 154
《西湖梦寻》——一部风格清新的小品散文 ………… 156
《牡丹亭》——"东方的莎士比亚"的代表作 ……… 156
《桃花扇》——一部影响很深的历史剧 ……………… 157
《长生殿》——唐明皇与杨贵妃的爱情故事 ………… 158

第三节 诗词文集 …………………………………………… 159

《昭明文选》——中国现存最早的一部诗文总集 …… 159
《玉台新咏》——东周至南朝梁代的诗歌总集 ……… 160
《白氏长庆集》——缀玉连珠六十年 ………………… 161
《花间集》——词史上的一块里程碑 ………………… 163
《苏轼集》——北宋社会生活的一部百科全书 ……… 164
《唐诗三百首》——流传最广、影响最大的唐诗选本 … 166
《元曲选》——中国古代戏曲文学的宝库 …………… 166
《全唐文》——清代官修的唐五代文章总集 ………… 167
《古文观止》——最为流行的古代散文选本 ………… 168

第四节 诗文评论 …………………………………………… 169

《文心雕龙》——我国古典文学批评的奠基性著作 … 169
《诗品》——我国古代第一部诗论专著 ……………… 171
《六一诗话》——我国第一部诗话作品 ……………… 171

第五节 类书丛书 …………………………………………… 172

《太平广记》——规模巨大的古代文言小说总集 …… 172

《永乐大典》——中国历史上最大的一部百科全书 ……… 174
《古今图书集成》——现存规模最大、保存最完整的类书 … 176
《四库全书》——中国古代最大的一部丛书 ……………… 177

参考书目 …………………………………………………… 179

第一章

古代典籍概述

中国典籍浩如烟海,源远流长,它是中华民族数千年文化的重要载体,也是炎黄子孙承继文化传统的重要依据。典籍具有表达思想、交流经验、宣扬主张和传播知识的作用。典籍作为文明发展的结晶,是人类共同的精神财富。典籍对于人类文明与进步,有着不可估量的推动作用。我国的典籍动态地展示了中国五千年文明史的概貌,支撑起了中华民族的文化大厦,使我国的学术文化繁衍生息,发展成今天灿烂辉煌的中华文化体系,它们所蕴含的精神是炎黄子孙取之不尽、用之不竭的宝贵财富。

第一节
典籍与典籍的产生

典籍的概念

典籍之"典",指记载法则、制度的重要文献,"籍"字即簿册、书册之意。典籍两字联起来并作为一种名称大概始于战国时期,只是到了汉代以后,典籍才用作各种书籍的统称。

中国典籍起于何时,实难详考。在孔子生活的春秋末期以前,中国确实产生了典籍。但这些典籍乃长期蓄积而成,内容重复,文辞繁复,并非出自一人之手,且未成体系。孔子以教育家的身份登上历史舞台之后,欲广泛行教,宣传古道,"举其弘纲,撮其机要",因而不得不整理那些已有的典籍以成新籍——《易》、《书》、《诗》、《礼》、《乐》、《春秋》。如果真是这样,则中国典籍的起源似可这样概括:生于孔子前,成于孔子后;兴于孔子前,盛于孔子后。

进入战国以后,奴隶制社会向封建制社会急剧转化。奴隶制社会与封建制社会两军对垒,各抒己见,各献治国之策,这就是战国时期的"百家争鸣"。伴随"百家争鸣"而来的,是产生了大批的私人著作,使我国的典籍创作进入了一个崭新的时期,出现了我国历史上第一次典籍生产的高潮。早期的儒家、道家、墨家,战国中叶以后儒家又有孟子、荀子;道家又有尹文子、慎子、庄子;新生的法家商鞅、吴起、申不害、韩非子;名家公孙龙、惠施;阴阳家邹衍等等,他们都有自己的著作。与此同时,科技方面也出现了医书《内经》、药物书《本草》,文学方面则出现了不朽的名著——屈原写的《离骚》。此外在天文、历法、农业、畜牧、历史、地理等方面也出现了专著。

此后虽有秦始皇焚书坑儒、三武灭佛、元人毁道、清廷禁书,以及兵燹回禄之灾，典籍曾屡遭厄运，但自两汉以来，中经盛唐、两宋，旁及辽、金、西夏，直至元、明、清，特别是在纸张广泛应用、印刷术通行以后，中国典籍旧有新传，代有新作，多如丘山，浩如烟海，将中华民族的睿智思维物化了出来，凝结成为灿烂的华夏文化。

人类智慧的结晶——古籍源流

古籍是人类智慧的结晶，社会的精神财富、知识宝库，培养人才的摇篮，历史进程的记录。它的创造、积累和传播，构成了人类文明历史的长河，源远流长。

古籍凝聚了全人类的智慧，浓缩了几千年的文明历史。迄今为止，在各种文化载体的诸多形式中，仍只有印刷文化才是最正宗、最到位、最隽永、最具收藏价值的上品。

古籍肇始甚早，文字发明之后即有书籍，不过各代所用书写之质料及装订形式各不相同。从上古至清代，所有书籍以其形式可分为三个时期：由古至周末为简牍时期，由秦至唐为卷轴时期，由宋至清为线装时期。

简牍时期

秦代以前用竹木载文。载于竹者称为简，载于木者称为牍，连编简牍则称为策。

古人将大事书之于策，小事则书之于简牍。最早是用刀刻，然后用漆写，周宣王时开始有墨书。夏商周三代以上，社会文化完全赖此以推进，国家文明赖此以保存，与后世书籍功用相同。

简牍其实就是当时的书，它是最早的书，使用时间也最长，到了周末，仍在流行。孔子读《易》，韦编三绝，在这里，韦编就是简策。孔子时代所说的书籍仍然是简牍。

由古至周代，所有古籍完全为简为

武威汉简

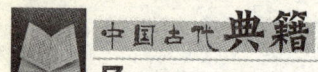

牍，所以称简牍时期。

缣帛时期

因简牍之书难写，而所载文字有限，在秦以前人文简易之时，尚可以应用。秦灭六国后，政府与民间的事务越来越繁多复杂，官私文书日益增多，以前的书写方式在事实上已经不足以运用，也不适于应用。首先对此感到棘手的人是狱吏。

狱吏记录，时间紧迫，不能任意积压，于是书写的改革由狱吏首倡。因写篆书特别耗时，故改篆书为隶书。另外，在竹木上书写也十分困难，便代之以缣素，以帛作书从此开始。但缣素价昂贵，一般平民无力购用，所以缣素虽兴，只于官方通行，社会上并不普遍。所以，流传下来的典籍文书仍以简策保存者为多，抄录于缣素上的较少。

纸书时代

真正的古籍是从纸的发明开始的。纸是古代妇女在漂絮劳动中发明的。漂絮时，絮丝粘在有网格的帘席上，形成了纸状物。据史籍记载，公元105年，蔡伦改进造纸法，使用树皮、破布为原料，使能够书写文字的纸批量生产。纸比起笨重的竹木简和昂贵的缣帛来，具有轻便、价廉等优点，是书写的理想材料。到公元3世纪，纸作为书写材料已十分广泛，逐渐代替了竹简和缣帛。中国古代的纸品种很多，开始是麻纸，随后又出现了皮纸和竹纸。优质的纸坚韧、洁白、平滑，千年不坏，有力地促进了文化的发展。

大约在魏晋之际，古籍开始废竹帛而普遍用纸，因此纸写古书的历史也很长。直至两宋，纸写书的主流地位才被雕版印书取代，而那时，隋唐五代的纸写书已被人视为难得的古书了。在历经宋元明清的千年变迁之后，古写本更是几近绝迹，只是由于近代敦煌莫高窟的惊世发现，才小有流传。

雕版印刷术的发明

印刷术的发明始于雕版，由此奠定了文化科学传播的基础，雕版印书也就成了中国古代社会文明进步和文化传承的先进载体。如今，雕版印刷这项工艺已成为国家首批非物质文化遗产，受到全世界的高度重视和探索研究。

雕版印刷术最早出现于何时，文献没有明确的文字记载，孙毓修所撰《中国雕版源流考》有载："世言书籍之有雕版，始自冯道，其实不然。监本始冯道耳。以今考之实，肇自隋时，行于唐世，扩于五代，精于宋人。"我们现在所能看到的雕版印刷最早的实物，就是敦煌藏经洞出土的唐代咸通九年（868年）王玠所刻印的《金刚经》，经文卷末有"咸通九年四月十五日王玠为二亲敬造普施"确切的年代时间记载。如以现存所见最早的确切年号实物为准，咸通九年为公元886年，将雕版印刷的起始时间定为唐代，当不为过。

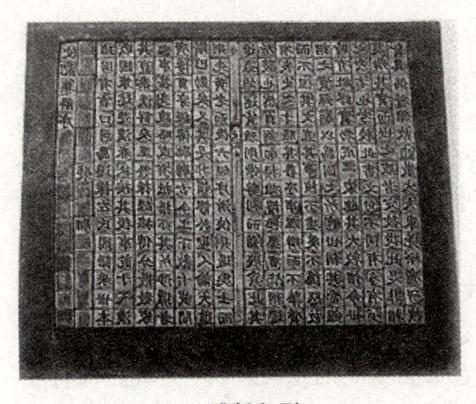

雕版印刷

五代时期后唐明宗朝的宰相冯道，看到市井坊间出售的版刻书籍，大多是市民阶层常用的通俗读物和佛教经文以及黄历，而没有统治阶级和士大夫们所需求的儒家读本，于是请奏皇帝："敕令国子监集博士儒徒，将西京五经本，各以所业本经句读抄写注出，仔细看读。然后顾召能雕字匠人，各部随帙刻印，广颁天下，如诸色人等要写经书，并须依所印敕本，不得更使杂本交错。"朝廷准奏，于后唐长兴三年（932年），由冯道主持雕版刊刻《九经》，历时20余年，经历后晋、后汉、后周三朝，至后周太祖广顺三年（953年），方才全部刊刻竣工，书板入库国子监内。这是历史上第一次由政府主持、官方雕版所印刷的儒家典籍，世称《五代监本九经》。而后世很多人也都认为雕版印刷术是五代后唐时冯道所创始，确切说冯道是第一个倡导朝廷刊刻书籍的官员，其于保存文化典籍功不可没。

宋代刻书写华章

中国的雕版印刷，经历了五代的发展，到了宋代已经非常昌盛，雕印技术也有了飞速的提高。各级政府机构刻书、私家刻书、坊间刻书都有了明显的进步。自宋太宗以后，社会读书治学风气渐渐浓厚，人们对书籍的需求量

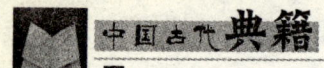

日益增大，因此政府、书院、书铺、私人学者等都大规模地开展了刻书印书的活动。这些大大小小的机构互相影响，互相促进，不但书写上版字体工整，刻印纸墨精良，而且校勘认真，也扩大了印书范围。这个时期，所刻书籍种类数量之多，工艺质量之好，都是精益求精的佳品。除了刊刻儒家经籍之外，还大量刊刻史部、子部、医书、类书，以及唐宋文人诗歌、文选等内容的书籍。政府刻书以儒家经典为主，并于北宋开宝四年（971年）至太平兴国八年（983年）十多年间在四川刊刻了工程浩大的大藏经，世称《开宝藏》。雕刻版片13万片，全部藏经共计5000多卷，480函，是中国历史上的第一部佛教大藏经，在中国印刷史和出版史上有着极其重要的意义。《开宝藏》流传至今仅有十余卷存世，弥足珍贵。

中国古代著名的四大类书《太平御览》、《太平广记》、《文苑英华》、《册府元龟》，也是在宋代这个雕版印刷事业空前繁荣的时期刊刻而成的。共时政府动用了大量的人力物力，宫廷里原有的藏书也因编著这几部大型的类书而被全部用上，在当时社会上不容易见到的书籍和内容也被收集进了这四部类书。书内所涵盖内容之宏富，资料之细致，刊刻之精美，都是前所未有。

除了中央政府机构刻书，地方官府的刻书也有多种多样的形式，有转运司本、茶盐司本、提刑司本、安抚司本等。地方政府用公库钱款刻印的书，叫"公使库本"。现存国家图书馆的抚州公使库刊刻的《礼记释文》，是近代著名藏书家陈澄中的旧藏，刻工细致，印刷精良，算得上是宋代地方刻书中的精品。

由于各级官衙学府刻书盛行，地主、官僚、士大夫们的私人刻书也逐渐增多，私家刻书也称"家刻本"。私家刻书除了翻刻经文和官书以外，则以唐宋文集诗集居多。其中廖莹中世彩堂的刻书非常精美，代表作就是刊刻韩愈、柳宗元的文集——《昌黎先生集》40卷和《河东先生集》40卷，堪称宋版书的精品，被历代藏书家所推崇。建安的黄善夫刻有《史记索隐正义》130卷，序文后有"建安黄善夫刊于家塾之敬室"的牌记，版刻工整，讲究纸墨，印刷上乘。后世多采用黄善夫所刻的《史记》作为刻书底本，可见此书的精善程度之高。

第一章 古代典籍概述

知识链接

"邺架"

典出韩愈诗《送诸葛觉往隋州读书》："邺侯家多书，插架三万轴。一一皆牙签，新若手未触。"李泌三代藏书，多达三万卷，是唐代最大的藏书家。他不仅藏书多，而且分类精细，用不同颜色的牙签标明。李泌官至宰相，被封为邺县侯。其子李繁曾官隋州刺史。他一度隐居南岳衡山，筑端居室藏书，这也是中国早期有特别含义命名的藏书楼之一。"邺架"一词连用，始见宋末许棐所撰《王文书目序》："吾见家韩椠而户邺架"。后世即以"邺架"代指藏书了。

明清刻书盛况空前

按刻版印刷机构性质的不同，我们把古代刻书大致分为了官刻本、家刻本、坊刻本这三种大类，自宋代以后，历代都有官私刻书和坊间刻书。

明朝建立后，政府十分重视教育，开设了各类学堂，大量收集图书，整理前朝文献，学术得到了复苏和繁荣。明代中后期，手工业发达，封建资本主义工商业萌芽产生，加快了图书印刷事业的大踏步前进。明代中央政府刻书主要是内府皇室刻书。内府由司礼监主持掌管，司礼监的附属机构经厂负责刻版印刷。印刷出来的书籍主要提供皇宫大内书房学习和太监后宫等人读书，也有一部分用来赏赐臣子。司礼监刻本版式宏阔，字体舒朗，纸墨精良，印工极好，是当时一流的精美印刷品。其他地方刻书和私家坊间刻本都受其影响，不断进步，印刷水平也节节提高。

明代国子监也是官方雕版印书的重要机构，南京国子监库存大量宋元时期的雕刻书版，还有不少元代各地儒学的书籍版片。国子监还积极对这些残缺不全、毁坏严重的版片进行补刻、补版，重印一些重要的史书，即指宋、元、明三个朝代次递修补版片印刷。它们被后人称为"三朝本"。从明嘉靖时期到崇祯末年，北京国子监刻《二十一史》较为出名，这些版片到了清朝初期的前几十年还在递修印刷。国子监是封建社会国家的教育管理机构和最高学府，明至清国子监数百年来递修诸史，版本之精善以及后朝之重视程度非同一般。

明代的地方刻书，有各地的布政司、按察司、儒学、书院等机构。各地藩王藩府刻书是非常有特点的，他们刻书多选用宫廷赐赠的宋元善本为底本，藩王中有些人喜欢校勘、刻书，所以藩府刻书的版本、内容、印刷质量都是很高的。

明代中期以后的私人刻书盛行，正德、嘉靖、万历时期私刻本非常多，刻书的主人多为著名的藏书家，家中有丰富的藏书做刻书基础，资料依据很多，个人也是学问深厚，治学态度严谨，所刻版印书的质量都很优秀。翻宋版、仿宋版的刻本，就是由私家刻书推广到官刻和书坊刻本里的。著名的私家刻书机构有震泽王延喆、范钦的天一阁、徽州吴勉学的师古斋、虞山毛晋的汲古阁等。尤其是明末毛晋的汲古阁刻书，可谓刊书宏富，闻名天下。明末至清初汲古阁先后刻印了《十三经》、《十七史》、《六十种曲》、《汉魏六朝三百名家集》等大型的丛书和历代名著，推动了中国的私家刻书事业的发展。

明代书坊的刻本以福建建阳、江苏金陵、浙江杭州、北京地区为主。建阳是中国版刻印刷的繁荣发达地区，较著名的有慎独斋、勤有堂、清江书堂等，它们刊刻过不少好书。嘉靖时期慎独斋刻成的《续资治通鉴纲目》27卷，重校勘，精雕刻，非常出名。金陵的世德堂、万卷楼、富春堂等书坊也都刻了不少图书，最著名的要算世德堂刻的仿宋本《六壬全书》。杭州容与堂雕版刻印的《李卓吾先生批评忠义水浒传》，世称《容与堂本水浒》，是《水浒》最早的100回的本子。

清初，清朝政府为了缓和民族矛盾，采取了很多怀柔政策，崇儒尊孔，网罗人才，倡导理学，加强思想控制。同时又大兴文字狱，镇压文人，维护政权。清王朝对图书的收集和整理也加大了力度，编纂了《古今图书集成》和《四库全书》等大型的类书，从而进一步提高了印刷事业的空前繁荣。中央政府主要由武英殿主持刻书，

清本《红楼梦图》

是清政府刻书的代表，刊刻了《康熙字典》和《武英殿丛书》等著名典籍。扬州诗局也承印清代内府的书籍，900卷的《全唐诗》就是扬州诗局刊刻的，世称扬州诗局本。清同治年间，各地陆续创办官书局，印书逐渐兴盛，以经部史部书籍为多，其所刻印之书，通称"局本"。其中，金陵、浙江、湖北、江苏、淮南五个书局，合刻一部《二十四史》，世称"五局合刻本"。这部《二十四史》主要用汲古阁本《史记》等十七史仿刻，毛氏汲古阁本和武英殿版作为底本刻印，精加校订。五省官书局通力合作，按统一款式共刻一部大书，这在中国印刷史上是史无前例的，堪称清代地方官刻书的一大壮举。

清代的私家刻书达到了校勘精审、版刻精湛的程度，如毕沅刻《经训堂丛书》、卢见曾刻《雅雨堂丛书》、黄丕烈刻《士礼居丛书》、鲍廷博刻《知不足斋丛书》等。尤其是乾嘉时期私家刻书掀起了一股尊古刻、崇宋元的风气，翻宋刻、仿宋刻书的潮流，巨大的影响力推动了刻书事业。清代书坊刻书更是灿若群星，如苏州的扫叶山房、文学山房、南京的聚锦堂、李光明庄、北京的宝文堂、老二酉堂等，都刊刻过不少优秀的图书。许多民间的大众读物——小说、戏曲、医书、类书、历书、唱本等，都是出自全国各地的书林坊肆。这些书的质量虽然不如官刻本、家刻本刊雕精美，但书坊刻本繁荣了市场，普及了社会文化，提高了基础教育，有很大的文化贡献。这些书坊的刻本经营，也为清末民国初期的石印、铅印出版事业奠定了基础，后来的印书局、书馆、民间出版机构的成立，都是由这些早期的书坊形式衍生而来的。

知识链接

古人祭书

古代人们崇拜信息，把图书神秘化了，古人一旦拥有字画图书，秘而不宣，不让人知道，也不外借他人。很多藏书家把藏书楼建在水中央。楼上悬一牌："楼不迎客，书不借人。"唐代杜暹聚书万卷，每书后题字："清俸买来手自校，子孙读之知圣教，卖及借人为不孝。"更有甚者，则是各种祭书活动的出现。

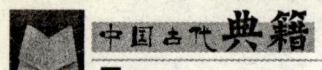

明代有一个藏书家，名为李鄂忡（1557—1630年），字如一。他每见图书与典籍，虽倾家荡产也得想法购回，每得书则焚香而拜。

黄丕烈（1763—1825年），江苏苏州人，他喜好藏书，购得好书，便约顾文坼、陶凫香等共作题签及跋语。黄丕烈乐于祭书。大年三十晚上，他将珍本书及稀有书供奉在香案上，香案上有蜡烛台和香炉。书陈列完毕，他点燃两支蜡烛，焚香于香炉，并烧纸，揖拜三次，并作祭书图一幅。

叶昌炽的藏书记事诗描写黄丕烈祭书："得书图共祭书诗，但见咸宜绝妙词。翁不死时书不死，似魔似狂又如痴。"顾广圻《士礼居祭书诗》："归家倏忽岁将除，折简频邀共祭书。君作主人真不忝，我称同志幸非虚。仪文底用矜能创，故事还应永率初。更愿齐刊刊舍奠，每陪酹酒与肴蔬。"

黄丕烈祭书的目的在于：他希望自己死后，假如心爱的书散落四方，会有个好藏主。黄丕烈的书是他费尽心血得来的，他花了大量的时间校勘、题跋图书。

第二节
典籍的装帧艺术

古代书籍的装帧，是一门独到的艺术。其内容大体包括书籍的版式设计、封面和插图设计及装订形式等。这些设计与实践的完美统一，便构成了书籍的装帧艺术。

古籍的版面设计

古籍的版面设计，是指对古籍版面文字、款式等所作的布局。古籍的版面设计，与古籍制作材料及制作技术的发展密切相关。

初期的甲骨文书，它们的造型美和装帧艺术无从谈起。青铜器本身就是很古朴的艺术品，铸刻在青铜器上的铭文具有天然的感染力。至于竹、木简的书，由于都要削制成窄条形，平面有限，自然难以装饰。但它编连成册之后形成的编连状态和狭长的简面，却为后来手写帛书、纸书，乃至于印制的典籍所模仿和继承。

手写帛书，绝大多数都织有或画有边栏界行。边栏，指的是每面（幅）文字四周圈画或圈织的栏线，也称边框。界行，指的是文字行与行之间织或画的界线，也称为栏线或界格。这样写出的文字整齐、端庄。其中也有对竹木简形式的模仿。一卷制好的帛书或纸书，其上下两端平行的栏线，犹如竹木简策上下两端编绳形成的线条；而文字行与行之间的界线，仿佛竹木简条与条之间的间缝。

纸书盛行之后，仍画有边栏界行。唐五代以前的手卷纸书，其边栏界行的颜色几乎都是灰黑色，称为"乌丝栏"。

版印书籍出现以后，特别是宋代以后，由于书籍生产方式的变化，古籍的版面设计与形式也随之发生变化。

版印书籍绝大多数都镌有边栏界行。这些边栏界行大致可分为四周单边、左右双边、四周双边几种样式。四周单边，是指版面文字的上下左右四周被一条粗黑的墨线所圈围；左右双边，是指在左右粗黑的边栏内再各镌印一条细墨线，形成一版文字首行右边的界行线和末行左边的界行线都是双线；四周双边，是指在粗黑的边栏之内侧再环版面文字的四周镌印一条细墨线，形成四周都是双线。几种不同形式，反映着典籍刻印的不同水准，也构成了中国古代版印古籍版面的基本形式。这些形式，端庄大方，整肃古朴。

到了明代，特别是明代后期书铺刻印的戏曲、小说，为了形式与内容的更加协调，以赢得读者的青睐，达到易售和牟利的目的，不但根据书中内容雕印多寡不同、形式多样的插图版画。还在边栏和版面上尽量精心设计，又出现了花栏和点板等形式。所谓"花栏"，指的是四周边栏不再是一条简单粗黑的墨线，而是两道平行的细线，然后在这两道细线中间雕饰各种花纹，于

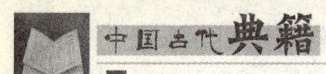

是成了带有花纹的边栏。花栏中的纹饰也各种各样，有花草纹、竹节纹、云龙纹、博古纹等；有墨色单印的，也有蓝色单印的。看上去别具特色。所谓"点板"，指的是雕板时随文刻上名人评点或句读，印出来的版面，在文字旁边带有若干圈点，用意是提醒读者注意和帮助读者断句，但也有一定的艺术效果。套版套色印刷技术出现以后，则在文字的版面上同时出现两色、三色乃至四色五色的不同符饰，具有强烈的工艺美术效果。

版印书籍的版面设计，除边栏界行外，还有"书口"及"象鼻"、"鱼尾"、"书耳"等。此外，书口上还有一些别出心裁的设计，如书口有彩绘的画，后世藏书家在版印典籍上钤盖的闲章雅印等。

古籍的插图版画

中国的版画，起自典籍的插图，至今人们仍把"图"与"书"并称，就是由于古籍有图有文。清人徐康在其《前尘梦影录》中说："古人以图、书并称，凡有书必有图。"

古籍中的插图，是对文字的形象说明，它能给读者以清晰的形象概念，从而加深人们对文字内容的理解。因此，插图版画随着雕板印制书籍的发生与发展，逐渐兴盛起来。

采用雕板印刷术雕印插图版画，大约始自唐朝。鲁迅先生在《木刻纪程小引》中亦说："中国木刻图画，从唐到明，曾经有过很体面的历史。"又在《全国木刻联合展览专辑序》中说："木刻的佛画，原是中国早先就有的东西。唐末的佛像、纸牌，以至后来的小说绣像、启蒙小图，我们至今还能看见实物。"这说明当雕板印书术刚刚兴起的时候，雕印的佛画随之就产生了，这可以说是我国木刻版画的滥觞。

元代的刻书事业有独特的发展。插图版画也有不少杰作，可惜流传下来的并不多。现存古籍中插图丰富的有《事林广记》、上图下文的《虞氏平话》五种、卷帙较大的《全相成斋孝经直解》、铺陈考究的《博古图》、精巧别致的《绘像搜神前后集》及《竹谱详录》等，绘画与雕印均极精湛，堪称元朝版画的代表作，足资珍视。

明代中叶以后，随着社会经济和社会结构不断变化，特别是伴随着资本主义萌芽、城镇居民急剧增加、手工业和商业进一步发展，作为文化活动的刻书事业也进一步商业化，适应城镇居民精神文化生活需要的小说、戏曲作品层出不穷。为了使这些戏曲、小说更加富于形象化，根据小说或戏曲中人物、场景和情节的描写，绘制镌刻相应的插图也越来越丰富多采。明孝宗弘治十一年（1498年）金台岳家书籍铺刊印的《奇妙全相西厢记》，卷尾镌印了一幅广告性的推销说明："本坊谨依经书重写绘图，参订编次大字本，唱与图合，使寓于客邸，行于舟中，闲游坐客，得此一览始终，歌唱了然，爽人心意。"这一广告说明书商为了推销自己的出版物，很会摄取各类人物的心理；另一方面也说明那时的闲游坐客，来往客商，已成为明代社会的重要组成部分，他们也正需要有这类典籍来满足精神文化的需求。因此，明代中叶，特别是明嘉靖以后，带有丰富插图版画的戏曲、小说，不但数量多，质量和艺术水平也有很大的提高。如《西厢记》、《水浒传》、《三国演义》、《琵琶记》、《牡丹亭》、《玉玦记》、《汉宫秋》、《拜月亭》、《荆钗记》、《白兔记》、《金瓶梅》、《西游记》、《燕子笺》、《一捧雪》、《邯郸梦》、《四声猿》、《七十二朝人物演义》、《仙媛记事》等等，无不带有精美的插图。明万历以后，版画艺术进一步发展。在北京、金陵、徽州、杭州、建阳等地刻书和插图版画的镌印百花齐放、争奇斗艳的同时，同一地区的刻书和版画风格又逐渐趋于一致，于是又出现了以地域划分的不同流派，如徽州派、金陵派、建阳派等。

清初，无论是官刻典籍的插图版画，还是民间坊刻典籍的插图版画，在吸收明末版画艺术技法的基础上继续探索和发展，也创造出不少杰作。如钦天监五官正焦秉贞手绘、鸿胪寺属班朱圭付刻的《耕织图诗》，王翚、宋骏业、冷枚、王原祁等创作的《万寿盛典图》，乾隆时两江总督、总理河防大臣高晋集辑的《南巡盛典图》，和《圆明园诗图》、《避暑山庄诗图》、《八旬万寿盛典图》、《皇朝礼器图式》、《皇清职贡图》，以及郎世宁等绘制的乾隆《十六战功图》等等，都是此期官刻典籍带有插图版画的名著。这些版画虽然在取材和构图等方面受到统治者的钳制，但从反映当时的社会生活来看，却都有重要的参考价值。特别是清初一些供奉内廷的画家，深受西洋画法的影响，在写实、构图等方面，与中华民族的传统画法相结合，创造出许多形象逼真、透视科学、布局清晰的好作品。这些都是清初官刻版画不同于传统版画的特征。

在清初官私版画大力发展的同时，插图版画在戏曲小说中更有别具风范的发展。如《隋唐演义》、《封神演义》、《东西汉演义》、《东西两晋志传》、《水浒后传》、《玉娇梨》、《平妖传》、《三国志演义》、《忠义水浒传》、《桃花

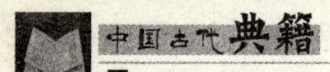

扇》、《长生殿》，以及附有大幅对版插图的《天马媒》等，都有艺术水平很高的插图版画。

中国古代典籍的装帧形制

中国古代典籍装帧形制的演变，与典籍的制作材料、制作方法、便于检阅、利于保护等方面的发展变化紧密相关。例如，甲骨文书的装订，据考古学家们考证，采用的是中间钻孔用绳串连的办法，这是由甲骨这种材料的特质所决定的。正规的典籍产生之后，其制作材料先后有过竹木简、缣帛和纸张的变化；其制作方法先后有过刀刻、手写和印刷的不同。受这两大因素的制约，中国典籍的装帧形制也呈现出不同的特点。就迄今的研究所知，中国古代典籍的具体装订形式，先后流行过简策、帛书卷子装、纸书卷轴装、经折装、旋风装、梵夹装、蝴蝶装、包背装、线装、毛装等十种形式。而其中某种装帧形制的形成、流行与演变，都有各自不同的历史背景或文化背景。

卷轴装

汉朝帛书流行之后，人们为了阅读方便，也利于收藏，就采用了卷轴的形式制作书籍。用一根细木棍或竹竿作轴心，把帛书粘连到轴上，卷起后用丝带捆好，就成了卷轴装的书籍，"手不释卷"、"开卷有益"等成语就是从这样卷轴书中创造出来的。纸张发明以后，人们也采用卷轴装来制书，纸张比锦帛短，往往要把若干张纸有序粘连成很长，然后再卷到轴上，我们现在所见到的隋唐的写本，基本都是卷轴装的。"读书破万卷，下笔如有神"，是唐代大

卷轴装

诗人杜甫的名句，既有胸罗万卷、文如泉涌出、笔有神助的意思，还有书卷被反复翻展阅读而磨破，有韦编三绝的意思。唐宋八大家之首的韩愈赞叹邺侯李泌藏书极多，有"邺侯家书多，插架三万轴"之句，可见当时卷轴装书

的普及流行。

旋风装

又称"旋风叶"、"旋风叶卷子"。其装订方法是用一张长方形的纸做底子，然后把手写或雕版印刷的许多书页由右向左鳞次栉比地裱贴在卷底的纸上，但除第一页外，每张纸只能粘贴住右端的空白处。用这种装订形式装订起来的古书，收拢起来像一股旋风，所以叫"旋风装"，展开来时又像龙鳞一般，所以也叫"龙鳞装"。

旋风装

旋风装的书卷起来同卷轴装的书差不多。但舒展开来却可以一页页地翻阅，这就与后来装订成册页的书接近。由于它一身具备了两者的特点，可以把它看做是中国古书装订形式由卷轴向册页发展过渡的一个阶段。旋风装这种装订形式，古书上曾有多处述及。如宋朝张邦基在其《墨庄漫录》中，有"逐页翻飞，展卷至末，仍合为一卷"、"今世间所传《唐韵》，犹有旋风叶"的记载。清朝叶德辉在其《书林清话》中，谈到旋风装的特点时，说它是"鳞次相积"。

根据历史记载，旋风装古书大概产生于唐代中叶，相传唐代太和末（9世纪30年代）吴彩鸾抄写《唐韵》时，首先发明了这种装订形式。现收藏于故宫博物院的唐写本《刊谬补缺切韵》，是国内现存旋风装古书的珍贵实物。宋、明代的人认为这部书就是吴彩鸾抄写的《唐韵》，但据我国当代著名文学家唐兰考证，此书当成于天宝八年（749年）。这就是说，旋风装的产生应早于吴彩鸾抄写的《唐韵》。

经折装

唐代佛教盛行，各地寺庙林立，数以万计，僧尼遍布宇内，抄写、诵读佛经成为一时风尚。卷轴装的佛经不仅翻检费事，而且通读也不方便。因此，

中国古代典籍
ZHONG GUO GU DAI DIAN JI

佛教徒们对卷轴装佛经进行了改革。他们把卷成长卷的佛经，按照一定的长阔度折叠起来，后面托以素纸，使其成为前后连接的折子。然后，再在头尾加上比较厚硬的封面、封底，考究的还用布、锦、绢、绫裱成册页。它翻起来成为折叠状的本子，合起来成为一本长方形的册页。这就成为"经折装"书籍。因为它是反复折叠起来的，所以也叫"折本"。

经折装

经折装书籍与旋风装比较，也有很大不同，除了经折装一面书写，旋风装两面书写以外，主要是旋风装仍保留卷轴形式，而经折装则基本上抛弃了卷轴装的装制方法，把书页折叠成册页，不再把它卷束在轴上了。这是中国古书装订从卷轴制度正式进入册页制度的标志。

蝴蝶装

简称"蝶装"。宋代流行的书籍主要是雕版印本。印本书与写本书不同，它有版面要求，不能像写本书那样随意连续书写。由一块块雕刻的版面印刷的书页，不适宜卷轴装或旋风装的形式。经折装形式虽较卷轴装和旋风装有所进步，但经多次翻阅，折痕处容易断裂，断裂的书页一旦错乱、丢失，就很难恢复原状。为适应雕版印刷的技术要求，并克服以往装订的缺点，于是又出现了一种新的装订形式，这就是蝴蝶装。

蝴蝶装

它的装订方法与卷轴装、经折装不同。经折装是把书页粘贴成一个长条，然后折叠起来。蝴蝶装不粘贴书页，而是把各个版面印成的书页分别反折，即版心（书口）向内，单口向外，然后把版心和版心相连，把版心（书口）作为书背，用糨糊粘贴书背。最后用硬纸作封面和封底，并用纸、布或绫、锦裱。从外表看上去，蝴蝶装书就像现在的精装书，但因为书口向里，书背向外，翻阅起来，如像蝴蝶展翅飞翔，所以有"蝴蝶装"之称。

由于蝴蝶装适应雕版印刷一版一页的特点，而且版心朝里，有利于保护版内的文字，再加上书形美观，所以宋、元两代一直为出版界所采用。传世的蝴蝶装古书很多。年代最久的有现中国国家图书馆收藏的宋代原装本《册府元龟》、《欧阳文忠公集》、《玉海》等。

包背装

包背装起源于南宋。同卷轴装、旋风装、经折装比较，蝴蝶装虽有很多优点，但还存在着明显的缺陷。这就是由于书页反折，翻阅时不断碰上没有字的背面，而且每一页书都要接连翻上两次，遇到柔软细薄的纸张，翻起来更要小心。还有，版心折缝处很容易脱离书背，或者破损掉页。为克服这些缺点，从南宋起又出现了包背装的书籍。它的折页是字面向外，背面向内。书页按版心中缝折叠之后，书口向外，然后用纸捻穿订成册（但不穿孔订线），再用糨糊在后背裹上书皮，因而叫包背装或"裹背装"。

北京图书馆收藏的南宋刻本《文苑英华》，书衣上注有"景定元年十月装背臣王润照管乾"的字样。这说明景定元年（1260年）已经有了包背装书

包背装

籍。现在存世的包背装古书，以元、明版本最多，如元刻《汉书》、《文献通考》、《明太祖御制诗集》、《永乐大典》等书，都是包背装。沿至清代，包背装依然被采用。清初著名内府刻本《御制资政要览》也是用包背装，精美漂亮，近年来古籍拍卖会上常有见到。

线装

为了解决书页的牢固问题，从明代中叶起，出版者就开始用线装代替包背装。线装书的出现是我国古书装订史上的一次重大改革，由于这种装订形式适应了当时书籍出版的客观要求，很快得到普及、推广，成为书籍的主要装订形式，在以后的三四百年家，基本上是线装书的一统天下。直到今天用宣纸、连史纸或毛边纸印制的书籍，或仿古影印本，仍然采取这种装订形式。

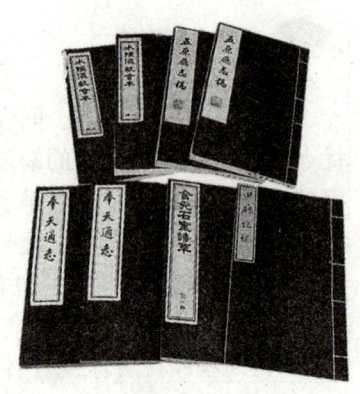

线装

知识链接

惜字林

什么是惜字林？它又有着怎样奇特的用途呢？

在中国的明清以前，佛寺一般建惜字林收集民间不忍丢弃的字纸，因为人们认为文字是神圣的。传说中国的文字是仓颉造出来的，根据《类林》记载："仓颉，黄帝时人，观鸟迹以造文字，鬼遂夜哭。黄帝时，白日龙见，帝亦乘龙游行。及仓颉造书，龙皆潜藏。或曰：白日上天而去，为有文字，恐人书画之而鬼哭龙藏也"。所以中国民间有敬惜字纸的习俗。佛寺有专门的拾字僧专门拣拾字纸，带回惜字林收存。

第二章

儒家典籍

　　本章儒家典籍均绕"十三经"而选。"十三经"既是儒家思想的集中反映，也是传统文化的精华所在。儒学自汉代后，便一直位居官方指导思想的地位，其对古代社会的影响，非其他学说所能相比。"十三经"作为古代学子的必读之书，对古代社会的治理，古人价值观、人生观的形成都产生了深远的影响。在"十三经"之外，我们又选了几部能反映"经学"在两千年之间变化的代表作。如《白虎通义》、《五经正义》、《十三经注疏》等。所选诸书，皆为"经学"典籍及其相关著作，但并未囊括儒家重要典籍之全部。

第一节
儒家典籍概述

经学的形成与发展

经学原本是泛指各家学说要义的学问，但在中国汉代独尊儒术后为特指研究儒家经典，解释其字面意义、阐明其蕴含义理的学问。经学是中国古代学术的主体，仅《四库全书》经部就收录了经学著作 1 773 部、20 427 卷。经学中蕴藏了丰富而深刻的思想，保存了大量珍贵的史料，是儒家学说的核心组成部分。

随着儒家学说的官方化，统治者把一批重要的儒家典籍抽取出来，视为指导一切政治思想、文化学术和社会意识的经典，称之为"经"，并把研究和阐发这些经典的学问称作"经学"。

儒家重要典籍称之为"经"，始见于《庄子·天运》篇，其文曰："孔子谓老聃曰：'丘治《诗》、《书》、《礼》、《乐》、《易》、《春秋》六经，自以为久矣。'"

传统儒者认为"经"乃圣人裁定、可为万世表率。汉代儒生便认为除去《乐》后的"五经"（《诗》、《书》、《礼》、《易》、《春秋》）是孔子所删定，因而对其推崇备至，汉武帝置"五经"博士，"五经"从此成为古代社会官方公认的儒家经典。汉代在"五经"之外加《孝经》、《论语》成为"七经"。唐代以《易》、《书》、《诗》、《仪礼》、《礼记》、《周礼》、《左传》、《公羊传》、《谷梁传》为"九经"，作为明经考试之用。唐天成二年刻石于长安，除"九经"外，《孝经》、《论语》、《尔雅》也一并刻石，合为"十二经"。宋代升《孟子》为经，合为"十三经"。

西汉博士传习的儒家经典，是用当时通行的文字写成的，因此称为"今文"。汉景帝时，鲁恭王的官邸与孔子旧宅相邻，他想扩大自己的宫室，便损坏孔子旧宅，在孔宅墙壁发现先秦古籍数十篇，皆用先秦古文书写，汉代广开献书之路，民间所献书籍也有用先秦古文所写，这些便是"古文"。西汉末年刘歆在校书过程中，发现今文与古文所写的典籍在文字、篇章等方面存在着差别，从而导致了经学内部今文经和古文经的区分和两派的争论。今文经和古文经不仅字体不同，篇章不同，且对经学的解释差异也颇大。今文经强调经世致用，多讲阴阳灾异，注重微言大义。古文经注重历史事实，对文字训诂、典章制度多有重视，注重经文的本义。汉代儒学的一次发展高峰为白虎观会议，为的是解决今古文经学的异同，儒生讨论，汉章帝最后裁决，此次会议成果由班固写成《白虎通义》一书。

魏晋南北朝时期，分裂的格局也造成了经学研究的混乱，逐渐形成了"南学"与"北学"的局面。唐朝初年，为了统一思想，便开始整顿经学。孔颖达奉唐太宗之命，与颜师古、司马才章、王恭、王琰等编成《五经正义》。

经学的解经典籍

经学中的正经仅13部，总计字数不过65万，而历代解经典籍的数量则要超出数百倍。仅据《四库全书总目》与《贩书偶记》正续编收载的经部典籍就有3 900余部，近5万卷，这是大致流存且经著录的经部书籍，未见著录者当不止此数，历代散失的经学典籍更无法统计。因此，绝大多数的经学著述都是解经典籍。

古代解经典籍的体例最为多样，居各种典籍之冠。一部儒家"正经"，经过历代学者以各种体例和形式的注解、发挥，产生几百部乃至近千部著作，是不足为奇的。我国注经典籍丰富的体例，据《隋书·经籍志》记载，传、故、笺、注、说、微、通、章句、条例、集注、集解、集释、集义、音、解、解说、解谊、通解、疏、讲疏、义疏、训、释、撰等著作体例在唐以前都已出现，唐以后基本沿习，少有改变。

1. 传

"传"有传述之意。据说《周易》中十篇解释经文的文字，就是孔子写

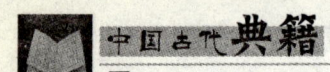

的传,因此又称《易大传》,这是注释正经最早的传。后世采用"传"这一体例注解经书的著述极多。就一部经书来说,由于注解的角度不同,各种传的内容差别也很大。如《春秋左传》主要在于论证本事,而《春秋公羊传》、《春秋谷梁传》则主要在于阐述经义。传的形式也有多样,有的是照经文一字一句解释的,如《毛诗诂训传》;有的是杂引他说,借经义以证事理的,如《韩诗外传》。

2. 注

"注"的本义是用水灌注,使之畅通。引申为对古书中难解字句加以解释、疏通。东汉郑玄曾遍注群经,今存尚有《仪礼注》、《周礼注》、《礼记注》。这种体例经郑玄始后发扬光大,成为后来最常见的一种解释、疏通文义的形式,经部中以"注"而称的典籍也较多。

3. 集解

"集解"是汇集诸家之说来进行注释。《十三经注疏》中的何晏《论语集解》、范宁《春秋谷梁传集解》是这种体例的代表作。集众家之说荟萃一处的方法,不仅有集解,还有集说、集注、集讲、集要、集意、集传等,被广泛运用于各种注释领域之中,数量甚多。以"集传"而言,宋代较有名的著述就有朱熹的《诗集传》、蔡沈的《书集传》、苏辙的《春秋集传》等。

4. 疏

"疏"即疏通之意。这种体例最早起于南北朝时的"义疏",梁朝皇侃在《论语义疏》的序中分析其特点是"引取众说,以示广闻"。到唐代,对于汉人的经解,唐人看起来已不甚明了,于是出现"疏"这种新的注解形式。疏不仅给正文作注释,而且还给前人的注解作注释,形成了经、注、疏三个层次。一般来说,疏不违反注的意思,所谓"疏不破注"。唐代官修的义疏称为"正义",如孔颖达的《五经正义》及后来的《七经正义》。私人的注释之作仍称"疏",如贾公彦的《周礼疏》、《仪礼疏》。

5. 章句

"章句"主要是分析经文的章节，盛行于西汉，为经师讲经所习用。先秦古籍，整篇直述，既不分章，也不断句，后来儒生进行分章断句，在分章断句中也表述了对内容的理解，汉人的"章句"保存至今的有赵岐的《孟子章句》，可以从中看出章句的特点。这种著作体例后代也有所沿用，如南宋朱熹的《大学章句》、《中庸章句》都很著名；清代则有焦循的《易章句》，任启礼的《礼记章句》等。

小学与文字、音韵、训诂典籍

我国对于语言文字的研究，远在两千多年前就已经开始了，现在所知最早的语言文字研究典籍，便有《尔雅》和《史籀》等书。此外在《论语》、《左传》等早期典籍中，也有讨论语言文字的记载。到了汉代，刘歆的《七略》和班固的《汉书·艺文志》，则将有关文字研究方面的著作归类于"小学"。

"小学"本指小学校，"古者八岁入小学，故《周官·保氏》掌养国子，教之六书"（《汉书·艺文志》）。由于入小学先学文字，于是汉代就将"小学"作为研究文字方面的学术专名。隋唐以后，"小学"的范围逐渐扩大，《隋书·经籍志》开始把小学分为训诂、音韵、体势等类，"体势"即指文字。清代《四库全书总目》则在"小学"类下，分为训诂之属、字书之属、韵书之属。由此可知，古代小学的学术范围，包括了文字学、音韵学和训诂学等学科领域。数千年的小学学术研究传统，产生、积累了大量的文字、音韵、训诂学典籍，这些

《孟子章句》书影

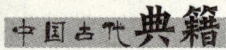

著述反映出我国传统语言学在创立、发展、鼎盛等不同历史阶段的学术成绩。按照古籍四分法，此类典籍也归入经部。

第二节
千秋典范——十三经

《周易》——群经之首，大道之源

《周易》是中华文明史上一部内涵精深、影响广泛、流传久远的典籍，有"群经之首"和"大道之源"之称。几千年来，《周易》以其外在的魅力——奇特的结构形式和抽象的符号显示，以及博大精深的内涵——千古永

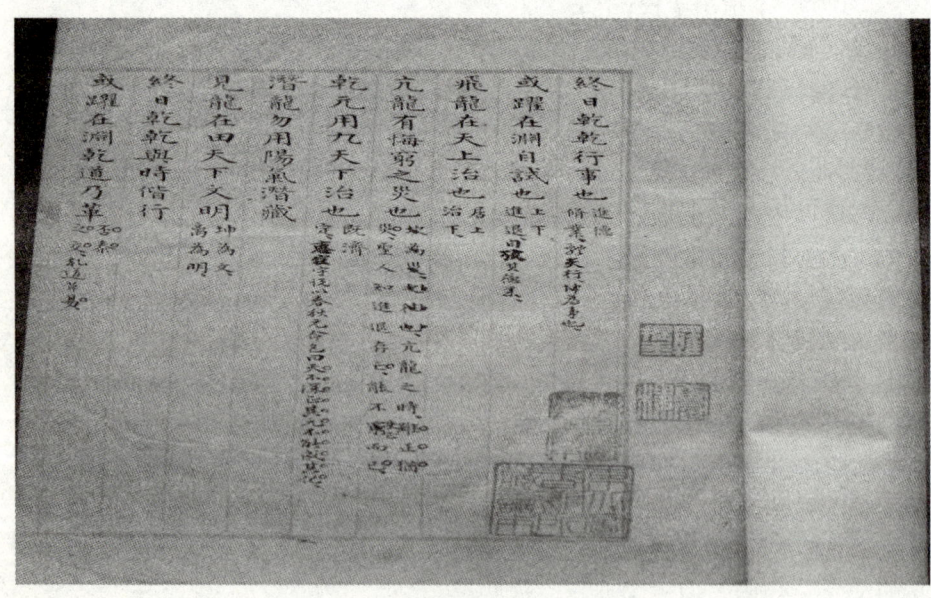

《周易》书影

辉的义理和复杂神奇的运算机制，吸引着人们在各个领域对其进行研究和应用，形成了庞大的易学研究体系。

《周易》的作者是谁？这是数千年来人们争论不休的谜题，至今尚未有定论。比较公认的说法是"三圣说"，认为《周易》乃是伏羲、文王、周公（或孔子）三人合著。继承和拓展这一说法的是马融和陆续，他们认为文王作卦辞，周公作爻辞，孔子作十翼。

《周易》一书由《易经》和《易传》两部分构成，从总体上看它是一部指导人们利用自然规律和社会发展规律的哲学著作。

《易经》是我国古代先哲通过对自然现象和社会现象的长期观察，以及对各种社会实践活动及其结果进行高度总结概括后而形成的。它集中反映了宇宙万事万物的现象和发展变化的规律。《易经》有其特殊的文字体裁，即不分篇章节次，而是由六十四卦组成。而每个卦又由内外卦、卦画、卦名、卦辞、爻题、爻辞几部分构成。《易经》分为上、下经两部分，上经计三十卦，起于乾卦，止于离卦；下经计三十四卦，起于咸卦，止于未济卦。

《易传》则是对《易经》进行解说，用来阐发义理的哲学典籍。《易传》分为七种十篇，汉代学者称之为"十翼"，"翼"即辅翼经文之意。

《周易》是中国哲学思想的渊薮，奠定了中国哲学的一些基本范畴和基本观念，如"阴阳"、对立统一的思想等等，对中国文化的影响极为深远。至今，上至鸿儒硕学，下至街头卜者，无不奉为圭臬，浅入浅解之，深入深究之，可谓是十三经中最深奥、最神秘的古籍。《周易》这部书除了有社会学的历史价值，还具有高度的哲学思想价值。"易"这个字，含有"宇宙万物，不断变化和发展"的意义，有朴素的辩证思想。其中的文字多与政治、经济、生产、生活有关，是很值得后世学者加以研究的。

1973年马王堆汉墓出土帛书《周易》为现存最早文本。其传世经文刊本，有宋代巾箱《八经》本，明弘治九年庄释刻本。旧注有北京图书馆藏魏王弼《周易注》宋刻本、唐李鼎祚《周易集解》本等。今有中华书局1980年版影印《十三经注疏》影印清阮元校勘本。

《尚书》——中国现存最早的史书

《尚书》是一部多体裁文献汇编，被认为是中国现存最早的史书。战国时期总称《书》，汉代改称《尚书》，即"上古之书"。因是儒家五经之一，又称《书经》。

《尚书》也就是上古史的意思。同时也是我国最早的一部文件汇编，它的"典"、"谟"、"训"、"诰"、"誓"、"命"六体，有的是讲演辞，有的是命令、宣言，有的是谈话记录。《尚书》记事的内容，上起原始社会末期的舜，下至春秋时的秦穆公。《尚书》按时代先后，分为《虞书》、《夏书》、《商书》、《周书》四个部分，共100篇。

《尚书》相传为孔子编定。孔子晚年集中精力整理占代典籍，将上古时期的尧舜一直到春秋时期的秦穆公时期的各种重要文献资料汇集在一起，经过认真编选，挑选出100篇，这就是百篇《尚书》的由来。相传孔子编成《尚书》后，曾把它用作教育学生的教材。在儒家思想中，《尚书》具有极其重要的地位。

《尚书》是中国最古老的皇室文集，是中国第一部上古历史文件和部分追述古代事迹著作的汇编，它保存了商周特别是西周初期的一些重要史料。相传《尚书》中有些篇目是后来儒家补充进去的。西汉初存29篇，因用汉代通行的文字隶书抄写，称《今文尚书》。另有汉武帝时从孔子住宅壁中发现的《古文尚书》（现只存篇目和少量佚文，较《今文尚书》多16篇）和东晋梅赜所献的伪《古文尚书》（较《今文尚书》多25篇）。现在通行的《十三经注疏》本《尚书》，就是《今文尚书》和伪《古文尚书》的合编本。

历来注释和研究《尚书》的著作很多，有唐孔颖达的《尚书正义》，宋蔡沈的《书集传》，清孙星衍的《尚书今古文注疏》。宋两浙东路茶盐司刻本《尚书正义》20卷，现存北京图书馆。

《论语》——习得半部治天下

《论语》是孔子及其弟子的语录结集，结集工作是由孔子的门人及再传弟子完成的。《论语》成书于战国初期。传至西汉，有《鲁论语》、《齐论语》、《古论语》，东汉末，郑玄将三家合而为一，共20篇，并作注，遂成为后世通行的本子。《论语》全书共20篇，每篇包括若干章，每章记一件事或几句话。

孔子（公元前551—公元前479年），名丘，字仲尼，春秋时期鲁国陬邑（今山东曲阜市南辛镇）人，先祖为宋国（今河南商丘）贵族。春秋末期的思想家、教育家和政治家，儒家思想的创始人。孔子集华夏上古文化之大成，在世时已被誉为"天纵之圣"、"天之木铎"，是当时社会上的最博学者之一，被后世统治者尊为孔圣人、至圣、至圣先师、万世师表。孔子的儒家思想对中国、儒家文化圈及世界有深远的影响。

《论语》全文采用语录体，章节简短，每事一段，语句多警句形式，篇名取自每篇首章中的二三字，并无实际意义。内容广博，涉及到政治、教育、礼仪、经济、文学、天道观、认识论等等，展现出孔子的博大精深的伦理思想体系，其核心是"仁"。而实施"仁"的手段和途径则是"礼"。

《论语》比较全面地反映了孔子的教育思想，不但有重要的思想理论价值，还有较高的文学价值，是研究孔子及其思想最可靠、直接的材料，对后世影响至深。

在汉代《论语》就被视为辅翼《五经》的传或记，汉文帝时列于学官，东汉时被尊为经。从此，《论语》受到历代统治者的推崇，成为言行是非的标准。

"半部《论语》治天下"。《论语》在中华民族的道德、文化、心理状态和民族性格的铸造过程中，起到了巨大的作用。《论语》是语录体散文，是我国散文最初的一种形态。多以三言两语为章，言简意赅，发人深省，许多已成为至理名言。我们今天所熟知的很多警句箴言，许多出自《论语》，如三思而行、过犹不及、择善而从、见贤思齐、因材施教、当仁不让、色厉内荏、祸起萧墙等等。司马迁《史记·孔子世家》有言："余读孔氏书，想见其为人……天下君王至于贤人众矣，当时则荣，没则已焉。孔子布衣，传十余世，学者宗之。自天子王侯，中国言六艺者折中于夫子，可谓至圣矣！"

《论语》虽然篇幅不大，但作为儒家经典之一，它所表现的人生态度和思想观念，不仅在我国文化思想史上留下了极为广泛和深刻的影响，就是在今天，也仍然引起中国和世界文化人士的极大重视和潜心研究。

《论语》注本众多，重要的有三国何晏《论语集解》、南朝皇侃《论语义疏》、北宋邢昺《论语注疏》、南宋朱熹《论语集注》、清刘宝楠《论语正义》等。今有中华书局1980年版《十三经注疏》影印清阮元校勘本。

《礼记》——最早的封建礼制教科书

《礼记》是中国古代一部重要的典章制度书籍，其成书年代及作者历来说法不一。据《汉书·艺文志》说是七十子后学者所记的，由汉人戴圣传述，故又称《小戴礼记》，以区别于戴德所传的《大戴礼记》。

《礼记》共20卷49篇，全书保存了大量的先秦时代的社会史料。其内容主要是记载和论述先秦的礼制和礼意，解释仪礼，记录孔子和弟子等人的问答，记述修身做人的准则。实际上，这部九万字左右的著作内容广博，门类很多，涉及政治、法律、道德、哲学、历史、祭祀、文艺、日常生活、历法、地理等诸多方面，几乎包罗万象，集中体现了先秦儒家的政治、哲学和伦理思想，是研究先秦社会的重要资料。

《礼记》全书用散文写成，一些篇章具有相当的文学价值。有的用短小生动的故事阐明某一道理；有的气势磅礴、结构严谨；有的言简意赅、意味隽永，有的擅长心理描写和刻画，书中还收有大量富有哲理的格言、警句，精辟而深刻。

《礼记》书影

《礼记》与《仪礼》、《周礼》合称"三礼"，对中国文化产生过深远的影响，各个时代的人都从中寻找思想渊源。

《小戴礼记》的主要注本有东汉郑玄的《礼记注》、唐孔颖达的《礼记正义》、清朱彬的《礼记训纂》和孙希旦的《礼记集解》等。

《仪礼》——古代礼仪典范

《仪礼》为儒家十三经之一，是由孔子整理编订的。其内容主要记载周代的各种礼仪，其中以记载士大夫的礼仪为主。秦代以前篇目不详，汉代初期高堂生传仪礼十七篇，另有古文仪礼五十六篇，已经遗失。今本通行17篇。因为它是士大夫必习的礼节，所以汉朝时又称《士礼》。相对《礼记》而言，又叫《礼经》。晋代人认为其所讲的并非礼的意义，而是具体的礼节形式，故称之为《仪礼》。与《礼记》、《周礼》合称"三礼"。历朝礼典的制定，大多以《仪礼》为重要依据，对后世社会生活影响至深。

《仪礼》主要记载了贵族子弟成人、结婚、交往的礼节，古代基层组织"乡"，国君、诸侯、大夫等的活动，以及丧葬祭祀的礼节。具体包括：

士冠礼：年到二十岁谓之成人，要加冠服，规定给他为"士"的种种礼节。士昏礼：即婚姻成家的礼仪。士相见礼：与人交接、相见，对待的方式。乡饮酒礼：乡"士大夫"在乡党之间，宴饮、集会的礼仪。乡射礼：春秋两季，人民集会，射于州序。燕礼：朝廷或诸侯，欢庆或纪念，集会、宴饮的一种礼节规定。大射：诸侯举行祭祀以前，举行的一种礼仪。聘礼：聘是朝聘或国与国之间的外交礼节。公食大夫礼：国君招待来聘的大夫的礼仪。觐礼：诸侯国君见天子的礼节。丧服：自天子以下死丧的礼制、包括丧服、丧期等等。士丧礼："士"丧其父母，从死到殡葬的礼法。既夕礼：士丧礼的下篇。士虞礼：父母死后，祭祀、尸祝的方法。特牲馈食礼：诸侯之士祭祖先的规矩礼制。少牢馈食礼：卿大夫祭祖先于家庙的礼节；有司：少牢馈食礼的下篇，讲祭祀后的一些措施。

唐贾公彦撰有《仪礼疏》17卷，南宋时与郑注合刊为《仪礼注疏》。清代研究者有十余家，以胡培翚《仪礼正义》最为知名。

《周礼》——中国最早和最完整的官制记录

《周礼》亦称《周官》或《周官经》，儒家经典之一。

《周礼》是周王室官制和战国时代各国制度的汇编。《周礼》的来历争论颇多。古文经学家认为，《周礼》是周公旦所作。今文经学家认为，它出于战国。也有人认为是西汉末刘歆伪造的。近人从周秦铜器铭文所载官制，参证该书中的政治、经济制度和学术思想，多数人认为是战国时的作品。也有人认为，《周礼》成于汉初。

《周礼》是中国最早和最完整的官制记录，也是世界古代史上一部最完整的官制记录。全书6篇，即《天官冢宰》、《地官司徒》、《春官宗伯》、《夏官司马》、《秋官司寇》、《冬官司空》。各篇分为上下卷，共12卷。这6篇中的《冬官司空》早佚，到汉时以《考工记》代替。

《周礼》所涉及到的内容极为丰富。大至天下九州，天文历象；小至沟洫道路，草木虫鱼。凡邦国建制，政法文教，礼乐兵刑，赋税度支，膳食衣饰，寝庙车马、农商医卜、工艺制作，各种名物、典章、制度，无所不包，堪称为上古文化史之宝库。《周礼》所记载的礼的体系最为系统，既有祭祀、朝觐、封国、巡狩、丧葬等等国家大典，也有如用鼎制度、乐悬制度、车骑制度、服饰制度、礼玉制度等等的具体规制，还有各种礼器的等级、组合、形制、度数的记载。许多制度仅见于此书，因而尤其宝贵。

《周礼》起初并未受到重视。西汉末年王莽摄政，以周公自居，模仿周制，于是本书特受青睐，当做"国典"。王莽亡，又遭冷遇。直至东汉郑玄作注，才又为人重视。北朝西魏宇文泰执政时，以《周礼》作《唐六典》。北宋王安石以《周礼》作为变法的历史依据。其后虽无人再把《周礼》付诸实践，但一直奉为儒家经典，成为学人必读之书。

《周礼》一书，东汉郑玄撰有《周礼注》，唐朝贾公彦作《周礼正义》，清代孙诒让也撰有《周礼正义》，这些注释对后人研究《周礼》提供了参考资料。

知识链接

"三礼"

说到中国古代的礼乐文明，礼乐文化，不能不提到《周礼》、《仪礼》和《礼记》，即通常所说的"三礼"。"三礼"是古代礼乐文化的理论形态，对礼法、礼义作了最权威的记载和解释，对历代礼制的影响最为深远。

《孝经》——古代伦理学鸿篇巨著

《孝经》是中国古代儒家的伦理学著作。相传是孔子自作，但南宋时已有人怀疑是出于后人附会。清代纪昀在《四库全书总目》中指出，该书是孔子"七十子之徒之遗言"，成书于秦汉之际。自西汉至魏晋南北朝，注解者及百家。

该书以孝为中心，比较集中地阐发了儒家的伦理思想。它肯定"孝"是上天所定的规范，"夫孝，天之经也，地之义也，人之行也。"书中指出，孝是诸德之本，"人之行，莫大于孝"，国君可以用孝治理国家，臣民能够用孝立身理家，保持爵禄。《孝经》在中国伦理思想中，首次将孝亲与忠君联系起来，认为"忠"是"孝"的发展和扩大，并把"孝"的社会作用绝对化、神秘化，认为"孝悌之至"就能够"通于神明，光于四海，无所不通"。

《孝经》对实行"孝"的要求和方法也作了系统而繁琐的规定。它主张把"孝"贯穿于人的一切行为之中，"身体发肤，受之父母，不敢毁伤"，是孝之始；"立身行道，扬名于后世，以显父母"，是孝之终。它把维护宗法等级关系与为封建专制君主服务联系起来，主张"孝"要"始于事亲，中于事君，终于立身"。

该书还根据不同人的等级差别规定了行"孝"的不同内容：如天子之"孝"要求"爱敬尽于其事亲，而德教加于百姓，刑于四海"；诸侯之"孝"要求"在上不骄，高而不危，制节谨度，满而不溢"；卿大夫之"孝"则"非法不言，非道不行，口无择言，身无择行"；士阶层的"孝"是忠顺事上，保禄位，守祭祀；庶人之"孝"应"用天之道，分地之利，谨身节用，以养父母"，等等。

《孝经》在中国古代影响很大，历代王朝无不标榜"以孝治天下"，唐玄宗曾亲自为《孝经》作注，被尊为经书，南宋以后被列为"十三经"之一。在长期的封建社会中它被看做是"孔子述作，垂范将来"的经典，对传播和维护封建纲常起了很大作用。

《孝经》一书分古今文二本，今文本为郑玄注，古文本为孔安国注。自唐玄宗注本颁行天下，孔、郑两注并废。清严可均有郑注辑本，宋邢昺疏。现在流行的版本是唐玄宗李隆基注，宋代邢昺疏。

《尔雅》——我国最早的一部解释词义的专著

《尔雅》是我国最早的一部解释词义的专著，也是第一部按照词义系统和事物分类来编纂的词典。

《尔雅》的意思是接近、符合雅言，即以雅正之言解释古语词、方言词，使之近于规范。《尔雅》最早著录于《汉书·艺文志》，但未载作者姓名。对于《尔雅》的写作年代及作者，历来说法不一。有人认为是西周初年周公旦所作，后来孔子及其弟子作过增补，有人认为是孔子弟子编写的。这种种说法都不可信。《尔雅》成书的上限不会早于战国，因为书中所用的资料，部分来自《楚辞》、《庄子》、《吕氏春秋》等书，而这些书是战国时代的作品。书中谈到的一些动物，如狻麑（即狮子），据研究，不是战国以前所能见到的。《尔雅》成书的下限不会晚于西汉初年，因为在汉文帝时已经设置了《尔雅》博士，到汉武帝时已经出现了犍为文学的《尔雅注》。

从《尔雅》的性质来看，它本是一部以解释五经的训诂为主，通释群书语义的训诂汇编。因为从春秋战国到西汉，几百年间，语言文字发生了很大的变化，一般人已经不大看得懂古书，需要有专门的学者来讲解。而汉代的统治者力图用儒家的经典来巩固自己的统治，于是尊《诗》、《书》、《礼》、《易》、《春秋》为五经，并设立五经博士，在官学里讲授经义。这就促进了训诂的繁荣。经学家们纷纷给先秦流传下来的儒家经典作注解，并随后把这些随文而释的各种典籍的注解汇集到一起，按照一定的体例分类编排起来。《尔雅》就是这样一部训诂汇编。

在历史上，《尔雅》备受推崇。这是由于《尔雅》汇总、解释了先秦古籍中的许多古词古义，成为儒生们读经、通经的重要工具书。在汉代《尔雅》就被视为儒家经典，到宋代被列为十三经之一。事实上，《尔雅》并不是经，也不是某一部经书的附庸，它是一本独立的词典。人们借助于这部词典的帮助，可以阅读古籍，进行古代词汇的研究；可以了解古代社会，增长各种知识。《尔雅》在中国语言学史和词书史上都占有显著的地位。

《尔雅》首创的按意义分类编排的体例和多种释词方法，对后代词书、类书的发展产生了很大的影响。后人模仿《尔雅》，写作了一系列以"雅"为书名的词书，如《小尔雅》、《广雅》、《埤雅》、《骈雅》、《通雅》、《别雅》等等，而研究雅书又成为一门学问，被称为"雅学"。

从汉唐到清代，为《尔雅》作注的人很多。现存的最早最完整的注本是晋代郭璞的《尔雅注》。《十三经注疏》中的《尔雅注疏》采用的是郭璞的《尔雅注》和北宋邢昺的《尔雅疏》。清人研究《尔雅》的著作不下20种，其中最著名的是邵晋涵的《尔雅正义》和郝懿行的《尔雅义疏》。今人注有徐朝华的《尔雅今注》，文字深入浅出、简明扼要，并附有笔画索引，最利于翻检、学习。

《孟子》——孟子儒家思想的精华

《孟子》是记载孟子及其学生言行的一部书。全书共7篇，3万余字，在这有限的篇幅中，提炼了孟子儒家思想的精华，言简意赅，形象生动。

《孟子》是儒家经典。此书是"拟圣而作"，它既吸收《论语》中的精华，也接受了《大学》、《中庸》的一些特点。在《孟子》一书中，反映最突出的是仁义思想。仁是儒家学说的中心，孔子常讲仁很少讲义，孟子则仁义并重，他有句名言，即"舍生取义"。两汉时，《孟子》已和《论语》并列。到五代时，后蜀主孟昶命毋昭裔楷书《易》、《书》、《诗》、《仪礼》、《周礼》、《礼记》、《公羊》、《谷梁》、《左传》、《论语》、《孟子》十一经刻石。宋太宗加以翻刻，这是《孟子》被列入"经书"的开始。到南宋孝宗时，理学家朱熹在《礼记》中取出《大学》和《中庸》两篇，认为是曾子和子思的作品，与《论语》、《孟子》合在一起，称为四书，于是，《孟子》的地位更加提高了。

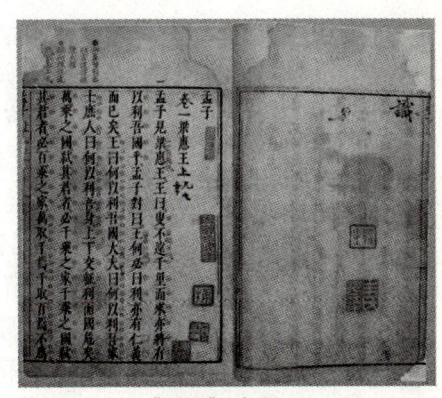

《孟子》书影

《孟子》还是一部优秀的散文集。孟子为人耿直豪爽、泼辣大胆，这一性格在《孟子》一书中，得到了充分的反映。例如，他教导学生说："说大人则藐之，勿视其巍巍然。"（《尽心下》）他见了梁襄王后，对人说："望之不似人君，就之而不见所畏焉。"（《梁惠王上》）以上这些语言，"如闻其声，如见其人"。这些文字塑造了一个栩栩如生的抒情主人公孟子的形象，这是《孟子》散文的一个重要艺术特征。

后世研究和注释《孟子》的著作很多，其中重要的有三部书，即赵岐的《孟子章句》，朱熹的《孟子集注》和清代焦循的《孟子正义》。以上三部书各有特色，都是研究《孟子》一书必不可少的参考资料。今人杨伯峻有《孟子译注》，还有中华书局1980年版《十三经注疏》影印清阮元校勘本。

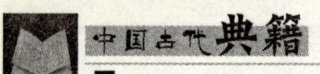

《春秋左传》——"《春秋》三传"之一

《春秋左传》又称《左传》、《春秋左氏传》或《左氏春秋》，30 卷。《春秋左传》的作者是谁，历来颇有争议。汉代时司马迁、班固皆认为是与孔子同时代的鲁国史官左丘明。左丘明在口授《春秋》以教弟子时，怕弟子"各安其意，以失其真"（《汉书·艺文志》），故用事实来补订《春秋》，作《左氏传》。清代今文经学家们则认为《春秋左传》是刘歆托名改编。近人认为《左传》是战国初年人根据各国史料编成的，可能并非出于同一作者之手。

《春秋左传》的体例是编年纪事体，内容大部分是传注史事，叙述《春秋》经文重要史事的过程。起于鲁隐公元年（前722年），终于鲁悼公四年（前464年），比《春秋》多出17年。若按叙事时间论，则到鲁悼公十四年（公元前454年）为止，下限比《春秋》多27年。所记鲁国君主也比《春秋》多1位，为13位。文字增加更多，共计18余万字，内容丰富了许多。

《春秋左传》与《春秋》相比，传文内容与经文内容并非十分密切配合，或经文有而传文缺，或传文有而经文无。故后人认为《左传》虽因《春秋》而作，但在编年体例上比《春秋》完备，在史料和文字价值上也远远超过《春秋》，完全可以独立称为史书，所以称其为《左氏春秋》。

知识链接

《春秋》

《春秋》是我国最早的编年体史书。东周时，各诸侯国都设置史官撰写本国的编年史，但名称不统一，燕、齐、鲁、宋等国均称《春秋》。东周时诸侯国的史书后来均已散失，只有孔子编订的鲁国史《春秋》留传了下来。关于孔子删订《春秋》的意图，孟子说得很清楚："世道衰微，邪说暴行有作，臣弑其君者有之；子弑其父者有之。孔子惧，作《春秋》。"

《春秋》记载了上自公元前722年（鲁隐公元年），下至前481年（鲁哀公十四年），包括12个国君，合计242年的历史。它虽是鲁国史的一部分，但它把鲁国以外的其他国家，以及当时天下大势的演变情况，也作了广泛的记载。因此，史学家就把200多年的这段历史叫做"春秋"时期。

《春秋》全书大约17 000字，主要记载春秋时期统治阶级的政治活动，包括诸侯国之间的征伐、会盟、朝聘等。也记载一些自然现象，如日蚀、月蚀、地震、山崩、星变、水灾、虫灾等。经济文化方面，记载一些祭祀、婚丧、城筑、宫室、搜狩、土田等。

《春秋公羊传》——"《春秋》三传"之二

《春秋公羊传》亦称《公羊传》、《公羊春秋》，是专门解释《春秋》的一部典籍，其起迄年代与《春秋》一致，即公元前722年至前481年，其释史十分简略，而着重阐释《春秋》所谓的"微言大义"，用问答的方式解经。

《春秋公羊传》的作者旧题是战国时齐人公羊高，他受学于孔子弟子子夏，后来成为传《春秋》的三大家之一。

《春秋公羊传》作为家学，最初只是口耳相传，至公羊高的玄孙公羊寿（汉景帝时人）方与齐人胡毋生（《汉书》作胡母生，复姓胡毋或胡母，名子都，生是"先生"的意思）合作，将《春秋公羊传》定稿"著于竹帛"。所以《公羊传》的作者，班固《汉书·艺文志》笼统地称之为"公羊子"，颜师古说是公羊高，《四库全书总目》则署作汉公羊寿，说法不一。但比较起来把定稿人题为作者更合理一些。

《春秋公羊传》的体裁特点是经传合并，传文逐句传述《春秋》经文的大义，与《左传》以记载史实为主不同。《春秋公羊传》是今文经学的重要经籍，历代今文经学家时常用它作为议论政治的工具。同时它还是研究秦汉时期儒家思想的重要资料。

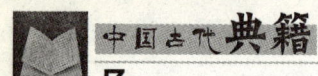

后世注释《春秋公羊传》的书籍主要有东汉何休撰《春秋公羊解诂》、唐朝徐彦作《公羊传疏》、清朝陈立撰《公羊义疏》。

《春秋谷梁传》——"《春秋》三传"之三

《春秋谷梁传》亦称《谷梁传》、《谷梁春秋》，为儒家经典之一。起于鲁隐公元年，终于鲁哀公十四年，体裁与《公羊传》相似。其作者相传是子夏的弟子，战国时鲁人谷梁赤（赤或作喜、嘉、俶、寘）。起初也为口头传授，至西汉时才成书。

《春秋谷梁传》着重宣扬儒家思想的另一方面：重礼义教化和宗法情谊，为缓和统治集团的内部矛盾，稳定封建统治的长远利益服务，因而也受到统治阶级的极大重视。它是人们研究先秦王西汉初年儒家思想的重要资料。

后世注释《春秋公羊传》的书籍主要有晋人范宁撰《春秋谷梁传集解》、唐朝杨士勋作《春秋谷梁传疏》，清朝钟文烝所撰《谷梁补注》为清代学者注解《春秋谷梁传》的较好注本。

《十三经注疏》——华夏文明的核心典籍

"十三经"内容博大，在悠久的中华文明进程中，对我国的传统文化产生了巨大影响，长期根植于人们的思想意识和社会生活观念中。

《十三经注疏》即指后人为了便于查阅"十三经"所做的注和疏，加上唐陆德明《经典释文》的注音合刊成的一部书。其中以清代学者阮元主持校刻的《十三经注疏》版本中最为完善，是研究中国古代文化的重要参考资料。

第三节
其他儒家典籍

《孔子家语》——中国图书史中最著名的"伪书"

《孔子家语》又名《孔氏家语》，或简称《家语》，是一部记录孔子及孔门弟子思想言行的著作。今传本《孔子家语》共十卷四十四篇，魏王肃注，书后附有王肃序和《后序》。《后序》实际上分为两部分，前半部分内容以孔安国语气所写，一般称之为《孔安国序》，后半部分内容为安国以后人所写，故称之为《后孔安国序》

《孔子家语》与《论语》的体例类似，但篇幅较长，内容丰富，记录了孔子的生卒年月，日常教学活动与政治活动，以及孔门弟子的言行。全书着重记述孔子的思想主张与政治主张，以及伦理思想道德教育和方法，有着巨大的文献价值与理论价值。

对《孔子家语》，历来颇多争议。流行的说法是该书系三国时王肃整理《论语》、《左传》、《国语》、《荀子》、《大小戴礼记》等书和资料集合而成。这部书在很长的历史阶段被疑为伪书，其作为思想史料的价值未受到重视。在伪书说占据主流局面被打破之后，其学术价值越来越受到人们的重视和肯定，甚至有的学者称其为"孔子研究第一书"。

孔子雕塑

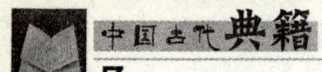

《孔子家语》较好的版本有《四部丛刊》影印明黄鲁曾覆宋本。

《新书》——论礼教为治国之本

《新书》又称《贾子》，是贾谊的政论文集。贾谊（前200—前168年），汉代杰出政论家、思想家、文学家，对于我国传统思想文化的继承和发展曾做出卓越贡献。

《汉书·艺文志》将其列入儒家，今存10卷58篇，其中《问孝》、《礼容语上》两篇有目无文，实为56篇。

《新书》集中反映了贾谊的政治经济思想。开篇即为著名的《过秦论》，总结了秦朝灭亡的历史教训，提出了一系列政治主张；《宗首》、《藩强》、《权重》等阐述了加强中央集权的思想；《大政》、《修政》等提出了利民安民的民本思想。贾谊的政论散文逻辑严密，感情充沛，颇有气势，体现了汉初知识分子在汉帝国大一统创业期的积极进取、力图建功伟业的豪情壮志。

该书通行的版本有《四部丛刊》本、《诸子集成》本、卢文弨《抱经堂丛书》本等。上海人民出版社1975年出版《贾谊集》。最新注本有王洲明、徐超《贾谊集校注》，阎振益、钟夏《新书校注》等。

《春秋繁露》——西汉今文经学的重要著作

作者董仲舒（公元前179—公元前104年），西汉思想家、儒学家，著名的唯心主义哲学家和今文经学大师。他的著作汇集于《春秋繁露》一书。

董仲舒潜心钻研《公羊春秋》，学识渊博，故时人称其为"汉代孔子"，《春秋繁露》也是一部推崇公羊学的著作。作者发挥"春秋大一统"之旨，阐述了以阴阳、五行为骨架，以天人感应为核心的哲学—神学理论，宣扬"性三品"的人性论、"王道之三纲可求于天"的伦理思想及赤黑白三统循环的历史观，为汉代中央集权的封建统治制度，奠定了理论基础。

《春秋繁露》现存17卷，82篇，是西汉今文经学的重要著作。由于董仲舒是汉武帝时代"儒术独尊"政策的主要代表，而他的经学理论又以《春秋繁露》发挥得最为详尽，因而此书受到了历代经学家的重视。

中国现存最早的《春秋繁露》版本，是南宋嘉定四年（1211年）江右计台刻本，现藏于北京图书馆。《春秋繁露》的注本很多，较早的有乾隆间卢文弨校本,后由赵曦明等重校刊行;最详尽的是苏舆的《春秋繁露义证》。其版本有《永乐大典》所载《宋本》、明代兰雪堂活字本、清代卢文弨抱经堂校刊本。注释本有清代凌曙的《春秋繁露注》和苏舆的《春秋繁露义证》等。

《新语》——汉代确立儒家思想统治地位的先声

作者陆贾(约前240—前170年),西汉政治家、文学家、思想家。

《新语》12篇,主要是总结秦朝覆亡及汉朝成功的教训和经验,旨在强调应"逆取而顺守之,文武并用",用儒家"六经"来治国,主张"行仁义,法先圣",认为"仁者道之纪,义者圣之学,学之者明,失之者昏,背之者亡"(《新语·道基》)。

《新语》一书中,关于道的论述颇多,大致可分为以下几个方面:关于"道术"的论述:一见于《道基篇》:"传曰:天生万物,以地养之,圣人成之,功德参合而道术生焉。"一见于《术事篇》:"道术蓄积而不舒,美玉韫椟而深藏,故怀道者须世,抱璞者待工,道为智者说,马为御者良。"陆贾的思想扭转了世人对刘邦的偏见,《新语》成为汉代确立儒家思想统治地位的先声。

《春秋繁露》书影

《汉书·艺文志》著录《陆贾》23篇,《隋书·经籍志》、《旧唐书·经籍志》皆著录《新语》2卷。流传较广的是《汉魏丛书》本和《四部丛刊》本,还有明代李庭悟、姜思复、胡维新、范大冲刻本,清代严可均本。近代唐晏校本是目前较好版本。

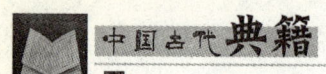

《大戴礼记》——研究中国早期儒学的基本资料

《大戴礼记》,亦名《大戴礼》、《大戴记》。一般认为其书成于西汉末礼学家戴德(世称大戴)之手。戴德,字延君,西汉时梁治(今安徽砀山)人,一说为魏郡斥丘(今河北成安东南)人。汉代礼学家,今文礼学"大戴学"的开创者。现代学者经过深入研究,推翻了传统之说,论定成书时间应在东汉中期,认为它很可能是当时大戴后学为传习《士礼》(即《仪礼》前身)而编定的参考资料汇集。

该书原有85篇,现仅存39篇。其余的46篇,至迟在唐代已亡佚。尽管如此,它的史料价值和学术意义仍不可低估。其中多数篇章记述从战国到汉代儒家学派的言论,是研究中国早期儒学的基本资料。《诸侯迁庙》、《诸侯衅庙》、《朝事》、《公符》等篇,记录诸侯礼制,可补《仪礼》之阙。《五帝德》、《帝系》两篇载上古帝王世系,司马迁据以撰成《五帝本纪》,是探索史前史奥秘的珍贵文献。更有《夏小正》一篇,是我国现存最古老的一部月令,篇中被学者称作"经"的文字,据说传自夏代,生动具体地反映了上古先民对一年十二个月天文星宿、气象物候的认识,在天文史、气象史、农业史上占有重要地位。

《大戴礼记》起初和《小戴礼记》(即《礼记》)并行而传。但《小戴礼记》因郑玄作注而在唐代列为"经书",《大戴礼记》却从此长期被冷落,后因北周学者卢辩为之作注注释才得以流传。直至清代,《大戴礼记》方日益受到重视,陆续有学者进行整理研究。成绩卓著者,当推孔广森(1752—1786年)的《大戴礼记补注》和王聘珍的《大戴礼记解诂》。清末经学家孙诒让(1848—1908年)有《大戴礼记斠补》于1914年出版。

知识链接

王符与《潜夫论》

王符,字节信,生卒年月不祥,东汉安定临泾(今甘肃镇原县)人。

当时社会矛盾激化，朝政腐败黑暗，再加上连年的自然灾害，造成社会的动荡不安、民不聊生。王符性情耿介，不愿与世俗同流合污，于是终身不仕，隐居著书以抨击时政之得失，共三十余篇，取名为《潜夫论》。

《潜夫论》的大多数内容是讨论治国安邦的政论文章，一小部分涉及哲学问题。王符勇于批判东汉后期政治社会的种种矛盾和问题，矛头直指政治、经济、社会风俗各个方面，揭露其本末倒置、名实相违的黑暗情形，并引经据典，用历史教训警戒当时的统治者。

《白虎通义》——封建统治阶级的神学、伦理学法典

《白虎通义》又名《白虎通德论》，或省称《白虎通》，是由班固等人根据东汉章帝建初四年（公元79年）在白虎观举行的经学辩论会的结果撰集而成，因辩论地点而得名。今传本10卷44篇，是今文经学的政治学说提要，广泛解释了封建社会一切政治制度和道德观念，成为当时封建统治阶级的神学、伦理学法典。

《白虎通义》继承了《春秋繁露》"天人合一"、"天人感应"的神学目的论，并加以发挥，把自然秩序和封建社会秩序紧密结合起来，提出了完整的神学世界观。它以神秘化了的阴阳、五行为基础，解释自然、社会、伦理、人生和日常生活的种种现象，对宋明理学的人性论产生了一定影响。

《白虎通义》全书共汇集43条名词解释，内容涉及社会、礼仪、风习、国家制度、伦理道德等各个方面。其中有很多条目汇集了不同的学术观点，有些条目还并列了不同甚至相反的观点。《白虎通义》融合今文经学、古文经学与谶纬迷信于一体，企图统一经学，建立神学经学，并将其奉为永恒的真理，要人们世代相沿学习，不许怀疑和批判。从这个意义讲，《白虎通义》宣告了经学的衰落，是经学走向没落与衰败的标志。但就中国经学史而言，它却属于继往开来的关键性著作，属于董仲舒、公孙弘以来经今文学的总结。

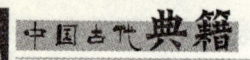

此书《隋书·经籍志》著录为六卷,没有作者,《旧唐书·经籍志》著录,题汉章帝撰,至《新唐书·艺文志》才题为班固等人撰写。清代学者对此书多有校勘,首出的是乾隆间庄葆琛本,稍后有卢文弨汲取众校所长的抱经堂校本,而以道光间陈立的《白虎通义疏证》较完善。通行版本有1990年上海古籍出版社元刻本影印《白虎通德论》本。

《四书集注》——宣传理学道义的权威教科书

作者朱熹(1130—1200年),字元晦,一字仲晦,号晦庵,婺源(今江西婺源)人。南宋理学家、文学家。他被视为理学正宗,为理学之集大成者,对后世有较大影响,著有《四书集注》、《周易本义》、《楚辞集注》等。

"四书"分别指《大学》、《中庸》、《论语》、《孟子》这四部书。将这四

《四书集注》书影

部书合为一书，始于朱熹的《四书集注》。在编排次序上，依次为《大学》、《论语》、《孟子》、《中庸》。这样做的目的在于先读《大学》，以定其规模；次读《论语》，以立其根本；再读《孟子》，观其发越；最后读《中庸》，以求古人微妙之处。朱熹将《大学》视为修身治国的规模和为学的纲目，并对孔孟形象及其精神进行重塑，对中国传统文化进行汇聚和提炼。《四书集注》就是他重塑孔孟形象、发挥儒家精神、宣传理学道义的一部比较简单、普及、权威的教科书。

"四书"的研究耗费了朱熹毕生的精力。他在34岁时写成了《论语要义》，44岁后写成《论语正义》，之后又写《论语集注》、《孟子集注》、《论语或问》、《孟子或问》。60岁时，他撰写《大学章句》、《中庸章句》，之后还写了《大学或问》、《中庸或问》。他在临终前三日还在修改《大学·诚意章》的注释。在他的反复研究下，"四书"颇为完整，条理通顺，无所不备。这也奠定了"四书"在南宋以后能与"五经"享有同等地位的基础。

在注释方式上，朱熹有着与汉唐学者不同的作风。汉唐学者注释比较注重经书的原本，文字的训诂和名物的考证分量很重，做法繁琐。朱熹注释则注重阐发"四书"中的义理，并且多加引申和发挥，其意已在"四书"范围之外。总而言之，朱熹注释"四书"，其目的一方面是整理和规范儒家思想，弘扬儒家精神，另一方面则是把"四书"纳入到自己的理学轨道，用"四书"中的哲理构造自己的思想体系。因此说，《四书集注》不仅是儒家学说的集大成之作，而且是朱熹儒学体系的基础，对中国传统文化的传承与发展具有重要意义。

《四书集注》还被历代封建统治者所推崇。南宋宁宗嘉定五年（1212年），把《论语集注》和《孟子集注》列入学官，作为法定的教科书。理宗于宝庆三年（1227年）下诏盛赞《四书集注》"有补治道"。宋以后，元、明、清三朝都以《四书集注》为学官教科书和科举考试的标准答案。理学成为官方哲学，占据着封建思想的统治地位，而《四书集注》作为理学的重要著作，也被统治者捧到了一句一字皆为真理的高度，对中国封建社会后期思想产生了深远、巨大的影响。

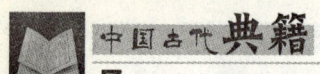

知识链接

鹅湖之会

在现在的江西省铅山县有一座普通的古寺——鹅湖寺，因朱熹曾寓居于此，并在这里举行了"鹅湖之会"而远近闻名。南宋淳熙二年（1175年）在信州（今江西上饶）鹅湖寺举行了一次著名的哲学辩论会，由吕祖谦邀集，意图调和朱熹和陆九渊两派之间的争执。实质上是围绕朱熹的客观唯心主义和陆九渊主观唯心主义之间的一场争论。鹅湖之会是中国哲学史上一次堪称典范的学术讨论会，首开书院会讲之先河。朱、陆双方辩论的"为学之方"，表现出朱熹与陆九渊在哲学上的截然不同的观点。陆九渊提出"先立乎其大"为出发点，认为自古以来圣人相传的"道统"只是"此心"，主张只有认识"本心"，才犹如木有根，水有源。朱熹则认为先于物而存在的"理"在人的心中。陆九渊的心学传至明代，经王守仁的发展，形成一个比较精致的哲学体系，世称"陆王心学"。它作为程朱理学的对立面，曾对明清两代思想的发展有一定的影响。

《孔子集语》——孔子言行事迹的文字汇编

《孔子集语》是针对孔子言行事迹的文字汇编，传世有两种：一是宋朝薛据辑的两卷本，二是清朝孙星衍辑的十七卷本。薛氏辑本被收入《四库全书》，孙氏辑本被收入《续修四库全书》。后者在文字数量上要超出前者六七倍，而且编辑品质上也要优于前者。

薛据，生卒不详，盛唐诗坛著名诗人。

孙星衍（1753—1818年），字渊如，号伯渊，别署芳茂山人、微隐。清阳湖（今江苏武进）人，后迁居金陵。授翰林院编修，客至山东督粮道清代著名藏书家、目录学家、书法家、经学家，袁枚称他为"天下奇才"。作为一个著名的藏书家和学者，他对薛氏辑本深感不满，于是在晚年告病回乡后，与其族弟孙星海、侄婿龚庆一起检阅群籍，从《易十翼》、《小戴礼记》、《春秋左氏传》、《孝经》、《论语》、《孟子》、《孔子家语》、《孔丛子》、《史记·孔子世家》、《史记·仲尼弟子列传》等83种典籍中采辑了813条孔子言行记录，按类编排，共分14篇17卷。前10篇较多反映孔子的基本思想，后4篇多描写孔子的生平事迹和寓言故事。初稿完成之后，他又请著名学者严可均进行审校，前后历时6年成书。孙氏辑本除了重视材料的收集，还注明每一条材料的出处，并把内容相同或相近的材料排列在一起，对疑文脱句加以按语进行校勘，因而具有较高的学术价值。

然而还因为此书是由浩繁的古籍中逐条查阅辑录而成，所以不可避免会有所缺失。后来清代著名史学家、史志目录学家、藏书家、辑佚学家王仁俊（1866—1913年）作《孔子集语补遗》增补77条，李滋然（1847—1921年）作《孔子集语补遗商正》，再补89条。今人郭沂将这三部书进行了校点和整理，并补入了新出土的马王堆帛书《易传》和八角廊竹简《儒家者言》。

孙氏辑本《孔子集语》首刊于嘉庆二十年，收入《平津馆丛书》，扉页题有"冶城山馆藏版"。此版刊刻时将所辑文字的出处以阴刻白文置于段首，以篇为段，如有彼此互见的文字，则只将首条置顶，其余低置一格，列于其后。此版严可均《序》置于书首，次及《孔子集语表》，次及《篇目》、正文，每半页11行，满行20字。因该版为孙星衍组织编撰刻印，故通称"阳湖孙氏本"，又因收入《平津馆丛书》，亦称"平津馆原本"。

光绪三年（1877年），以校刻精良著称的浙江书局根据平津馆原本重新校刻《孔子集语》，汪诒寿任总校，收入《二十二子》，通称"二十二子本"或"浙江书局本"。光绪十年（1884年），江苏吴县朱记荣重新校刻《平津馆丛书》，他亲自校勘了《孔子集语》。此版纠正了平津馆原本的毁损之处，刻工精美。由于这是重校本，而扉页题有"光绪乙酉夏白堤八字桥朱氏槐庐家塾珍藏"，所以此本又称"重校平津馆丛书本"或"朱氏槐庐本"。

《经学历史》——中国第一部经学史专著

作者皮锡瑞（1850—1908年），字鹿门，一字麓云，清湖南善化（今长沙市）人，清末学者。《经学历史》是中国第一部经学史专著，也是皮锡瑞较有影响的经学著作之一。皮锡瑞在继承传统经学研究的基础上，把经学在传

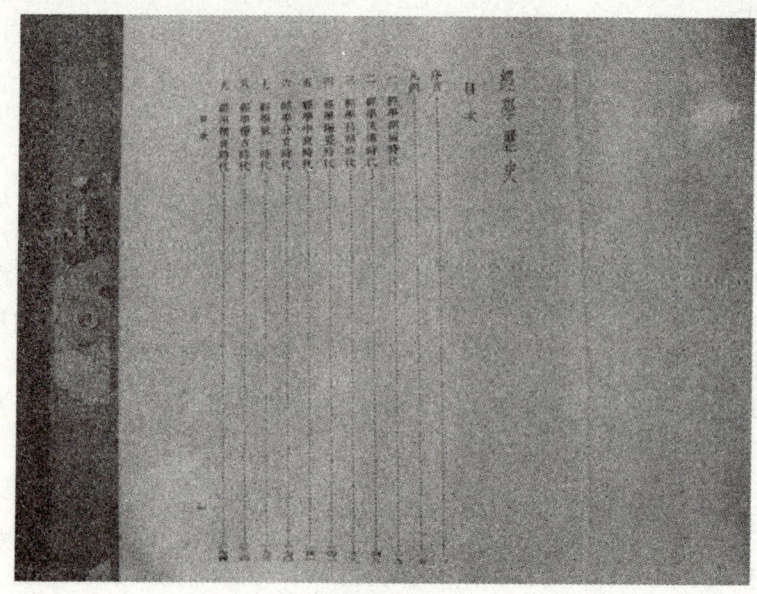

《经学历史》书影

统社会的历史作了一番系统的整理与介绍。在《经学历史》一书中，皮氏从孔子删定六经写起，以儒家经典在春秋时期的流传为上限，以清代今文经学的兴起为终结，涉及对前经学时期以及经学独尊以后的各个阶段，基本吻合经学发展的轨迹，反映了经学从始到终的全部历程，不仅是对传统经学史的发展，也是对经学发展的一个全过程的总结。因此，从时间跨度来讲，《经学历史》是第一部完整的中国经学史。

《经学历史》在论述各个时期的经学发展时，首先描述该时期经学发展的大势，并将该时期的制度（包括选举、学校）、重要经学家、每一经典在这一时期的训释大略以及这一时期经学的新特点一一列举。这样既能把握经学发展的大势，又能对经学发展的个别环节有一具体的了解，扩大了传统经学史的涵盖面，给人一种高度概括的总体观感。

《经学历史》成书于1905年，1907年由长沙思贤书局刊刻，并开始迅速流传，1928年，商务印书馆作为国学基本丛书出版，对于近代以来的政治、学术研究有着深刻意义。

在《经学历史》成书的同一年里，清政府宣布废除科举制，经学至此退出政治舞台。《经学历史》为存在2000多年的经学划上了一个圆满的句号。

第四节
文字训诂典籍

《方言》——第一部对方言词汇进行比较研究的专著

《方言》的全称是《輶轩使者绝代语释别国方言》,作者扬雄(前53—18),字子云,西汉文学家、哲学家,语言学家,蜀郡成都(今四川成都)人。

《方言》被誉为中国方言学史上第一部"悬之日月而不刊"的著作,在世界语言学史上是一部经典性著作,既开辟了语言研究的新领域,又独创了个人实际调查的语言研究的新方法。

今本《方言》计13卷,卷一、二、三是词语语词部分,包括有动词、形容词和名词;卷四释衣服;卷五释器皿、家具、农具等;卷六、七又是语词;卷八释动物名;卷九释车、船、兵器等;卷十也是语词;卷十一释昆虫;卷十二、十三往往以一词释一词,而没有方言词汇比较方面的内容,与前10卷大不相同。

《方言》一书所涉及的方言区域,东起齐鲁,西至秦、陇、凉州,北起燕赵,南至沅湘九嶷,东北至北燕、朝鲜,西北至秦晋北鄙,东南至吴、越、东瓯,西南至梁、益、蜀、汉,中原地区则都囊括在内。由此我们可以考见汉代方言分布的大致区域,绘制出大致的方言地图。《方言》不仅为人们提供了研究汉代社会生活某些方面的资料,还给人们提供了研究汉语发展史、汉语方言史、汉语词汇史、汉语音韵史的宝贵资料。

《方言》最早的注本是晋代郭璞的《方言注》,常常能用晋代的方言和汉代的方言来作比较,能通古今。清代研究《方言》的也有多家,其中成就较高的是戴震的《方言疏证》和钱绎的《方言笺疏》,都对《方言》作了很好的整理和阐发。《方言疏证》对《方言》一书作了细致的文字校正,并逐条作了疏证,是研究《方言》的重要参考书。《方言笺疏》广片博引,材料比

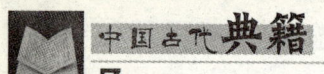

较丰富，而且能从声音上去解释词义，成就较高。

《说文解字》——文献语言学的奠基之作

《说文解字》不仅是我国语言学史上第一部分析字形、说解字义、辨识声读的字典，也是文献语言学的奠基之作。

《说文解字》东汉许慎撰。全书共收单字9353个，另有重文（异体字）1163个，附在正字之末，把9353个字分别归在540个部首之中。

《说文解字》一书的突出贡献可以概括为以下四点：

1. 建立部首是许慎的重大创造之一。《说文解字》一共分540部，除了个别部首还可以合并与调整外，总体来说基本合理，都符合造字意图。许慎在安排540部的次序上颇费心思，把形体相近或相似的排在一起，这相当于把540部又分成若干大类，以便于义符通俗易懂，更准确地理解字义。这与后世从检字法角度的分部和按笔画多少分类截然不同。

2. 训释本义。许慎在《说文解字》中紧紧抓住字的本义，并且只讲本义，抓住了词义的核心问题，因为一切引申义、比喻义等都是以本义为出发点的。此外，许慎在训释本义时，常常增加描写和叙述的语言，使读者加深对本义的理解，扩大读者的知识面，丰富本义的内涵和外延。

3. 对汉字形、音、义三方面的分析。许慎在每个字下，首先训释词义，然后对字形构造进行分析。如果是形声字，在分析字形时就指示了读音；如果是非形声字，就用读若、读与某同等方式指示读音。

4. 以六书分析汉字。六书指象形、指事、会意、形声、转注、假借六种汉字构成方式。许慎发展了六书理论，明确地为六书下定义，并把六书用于实践，逐一分析《说文解字》所收录的9353个汉字，这在汉字发展史和研究史上有着承前启后的重要意义，从而确立了汉字研究的民族风格和民族特色。

《说文解字》问世以后，很快就引起当时学者的重视，在注释经典时常常引证《说文解字》。到了南北朝时期，《说文解字》已经为学者所熟知。到了唐代，《说文解字》已经纳入科举考试的范围之内。自唐代以后，一切字书、韵书及注释书中的字义训诂都依据《说文解字》。

清代是《说文》研究的高峰时期。清代研究《说文》的学者不下200人，其中最著名的著作是"说文四大家"——段玉裁的《说文解字注》、桂馥的《说文解字义证》、朱骏声的《说文通训定声》和王筠的《说文句读》。

第三章

史学典籍

中国历史悠久,史学发展博大精深。为数众多的史家、卷帙浩繁的史籍、丰富多样的史体,共同构成发展迅速的中国传统史学,全面地记录和展示了古代中国的社会历史,成为研究中国古代社会历史的第一手资料。

第一节
史学典籍概述

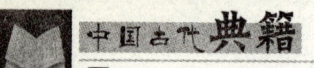

史学典籍的形成与发展

自国家产生之日起，就有专人负责记录和整理档案资料。至迟到殷商时代，就已经正式设置了史官，自此相沿不废。秦汉以来，尽管史官名称多有变化，但从未间断记录历史、整理史料、修撰史书之事。北魏末年，设置修史局，开大臣监修国史之例。北齐始设史馆，宰相监修，但未成定制。唐太宗时，确立国家设立史馆、由宰相担任监修编修前代史的制度，此后历代相沿直至中华民国，史馆之设再未中断。官方史学甚为发达，史馆主持编修了大量史书。与此同时，私人撰史逐渐兴起，至两汉以来蔚然成风，主要途径是依靠史官和民间文士的各种记录及亲身调查、广泛采集，从而由史官及史家编撰了大量的史学典籍。大批史学典籍的产生和流传、保存，自成体系，成为中国历史系列完整的基本体系，在中国传统文化典籍中享有重要的地位。

在中国传统的经、史、子、集四部分类法中，史部次于经部位居第二。在《四库全书总目提要》中，史部下分正史、编年、纪事本末、别史、杂史、诏令奏议、传记、史钞、载记、时令、地理、职官、政书、目录、史评15个大类。而在中国古代的多种史体中，最为知名的是纪传体、编年体、纪事本末体、政书体四种，影响较为深远。

二十四史

"二十四史"是中国古代各朝撰写的二十四部史书的总称,是被历来的朝代纳为正统的史书,故又称"正史"。

"二十四史"具体包括:《史记》(汉·司马迁)、《汉书》(汉·班固)、《后汉书》(南朝宋·范晔)、《三国志》(晋·陈寿)、《晋书》(唐·房玄龄等)、《宋书》(南朝梁·沈约)、《南齐书》(南朝梁·萧子显)、《梁书》(唐·姚思廉)、《陈书》(唐·姚思廉)、《魏书》(北齐·魏收)、《北齐书》(唐·李百药)、《周书》(唐·令狐德棻等)、《隋书》(唐·魏征等)、《南史》(唐·李延寿)、《北史》(唐·李延寿)、《旧唐书》(后晋·刘昫等)、《新唐书》(宋·欧阳修、宋祁)、《旧五代史》(宋·薛居正等)、《新五代史》(宋·欧阳修)、《宋史》(元·脱脱等)、《辽史》(元·脱脱等)、《金史》(元·脱脱等)、《元史》(明·宋濂等)、《明史》(清·张廷玉等)。

"二十四史"上起传说中的黄帝(前2550年),止于明朝崇祯十七年(1644年),计3 213卷,约4 000万字,用统一的有本纪、列传的纪传体编写,记载了历代经济、政治、文化艺术和科学技术等各方面的事迹,内容详实丰富。

知识链接

正史

正史是指《史记》、《汉书》等纪传史书。以帝王传记为纲领并且由宫廷史官记录的有别于民间野史的中国史书。正史往往带有国家意志和民族的情绪夹杂在里面,编撰者在编写时往往曲笔或忌讳一些字句,所以对待正史有必要看其他如别史、杂史加以认证,否则难免以管窥豹,不得其真。

第二节
正史

《史记》——中国第一部纪传体通史

《史记》原名《太史公书》,是由司马迁撰写的中国第一部纪传体通史,与宋代司马光编撰的《资治通鉴》并称"史学双璧"。

司马迁(公元前145年—?),字子长,西汉夏阳人,中国古代伟大的史学家、文学家、思想家,被后人尊为"史圣"。《史记》被誉为我国古代最伟大的历史著作和文学著作。

《史记》全书共130篇,52万余字,记载了上自上古传说中的黄帝时代,下至汉武帝太史元年间共3 000多年的历史。包括帝王将相、豪杰、平民等几千名历史人物,政治、典制、文化、思想等方面丰富的历史内容,分为12本纪、30世家、70列传、8书、10表五个部分。《史记》开创了我国以人物为中心的文学艺术,成功地塑造出众多性格鲜明的人物形象。

梁启超称赞这部巨著是"千古之绝作"(《论中国学术思想变迁之大势》)。鲁迅誉之为"史家之绝唱,无韵之《离骚》"(《汉文学史纲》)。

《史记》成书后,由于它"是

司马迁

非颇谬于圣人,论大道则先黄老而后六经"(《汉书·司马迁传》),被指责为对抗汉代正宗思想的异端代表。因此,在两汉时,《史记》一直被视为离经叛道的"谤书",不但得不到应有的公正评价,而且当时学者也不敢为之作注释。到南北朝时,由于经学衰微,玄学佛学继起,南朝刘宋的裴骃才开始为《史记》作《集解》。隋唐时,司马贞为之作《索隐》,张守节为之作《正义》。北宋以后,在《史记》的正文之下,都附有以上三家的注文。自宋以后,研究《史记》的著述增多了,较有代表性的有清代梁玉绳的《史记志疑》、崔述的《史记探源》、张森楷的《史记新校注》、日本学者泷川资言的《史记会注考证》,以及赵翼的《廿二史札记》和王鸣盛《十七史商榷》的相关部分,都是重要的参考书籍。

知识链接

纪传体

史书的一种形式,是以本纪、列传人物为纲,时间为纬,反映历史事件的一种史书编纂体例。纪传体史书的突出特点是以大量人物传记为中心内容,是记言、记事的进一步结合。皇帝的传记称"纪",一般人的称"传",特殊情形的人物称"载记",记载制度、风俗、经济等称"志",以表格排列历史大事称"表"。

《汉书》——我国第一部纪传体断代史

《汉书》又名《前汉书》,是我国第一部纪传体断代史,东汉班固撰。

班固(32—92年),字孟坚,扶风安陵(今陕西咸阳东)人。他博览群书,穷究诸子百家学说,熟悉汉史掌故。班固纂述《汉书》,始于永平元年(58年),至建初七年(82年)才告完成,历时25年之久。

《汉书》是继《史记》之后我国古代又一部重要史书,与《史记》、《后

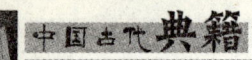

汉书》、《三国志》并称为"前四史"。全书共100篇，120卷，约80万字，全书记载了自汉高祖元年（公元前206年）到王莽就地皇四年（公元23年）共229年的政治、经济、文化的发展情况。内容丰富，构思缜密，语言庄严工整，多用排偶。继承《史记》体例而稍有改变，如改"书"为"志"，取消"世家"，增加了"刑法"、"五行"、"地理"、"艺文"四志及"百官公卿表"等，是研究西汉历史的重要史料。

《汉书》多用古字古义，文字艰深难懂，就连班固同时代的人，也必须为《汉书》作音义的注解方能读懂。据《隋书·经籍志》记载，自东汉至南北朝期间，为《汉书》作注的大约就有近20家，而其中以注释音义居多。关于《汉书》的注本，唐以前诸家所注都已失传。现存《汉书》的注本，是唐代颜师古兼采诸家而成的，属于较完备的注本。另外，清王先谦的《汉书补注》和近人杨树达的《汉书管窥》及《汉书补注补正》，均可作为参考。

知识链接

断代史

断代史是指以朝代为断限的史书，始创于中国东汉班固所著的《汉书》。二十四史中除《史记》外均属此体。编年体和纪事本末体的史书，以朝代为断限的，也属断代史。

断代史的主要特点是只记录某一时期或某一朝代的史实的史书。实际上，同一史书按不同标准可同时归入不同的体例。如《三国志》，就既是纪传体史书，又是国别体史书，同时还属断代史史书体例。

《三国志》——三国时代的纪传体国别断代史

《三国志》是由西晋陈寿所著，记载中国三国时代历史的断代史，同时也是二十四史中评价最高的"前四史"之一。

陈寿（233—297 年），字承祚，西晋史学家，巴西安汉（今四川南充）人。

《三国志》是一部纪传体三国史，书中有 440 名三国历史人物的传记，全书共 65 卷，36.7 万字，完整地记叙了自汉末至晋初近百年间中国由分裂走向统一的历史全貌。全书分为《魏书》30 卷、《蜀书》15 卷、《吴书》20 卷，记载了黄巾起义之后到晋灭吴将近 100 年的历史。其中《魏书》1—4 卷是帝纪，《魏书》其他部分和《蜀书》、《吴书》全部都是列传。

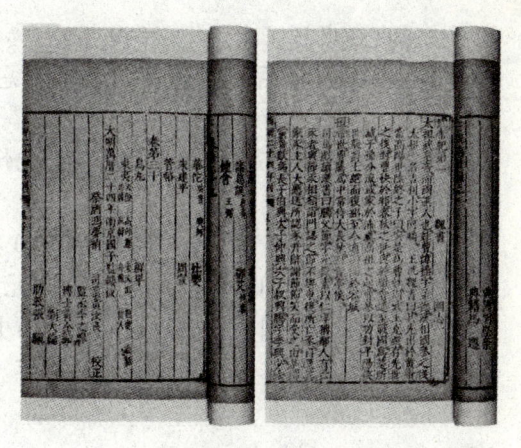

《三国志》书影

《三国志》取材精审，这虽然使其拥有了文辞简约的特点，但也造成了史料不足的缺点。裴松之的《三国志注》弥补了《三国志》记事简略的缺点。裴松之（372—451 年），字世期，南朝宋河东闻喜（今山西省闻喜县）人。他的《三国志注》引书 200 余种，补益了大量史实，人称《三国志》功臣。

《三国志》成书后就受到时人推重，人们赞誉它"善叙事，有良史之才"，"辞多劝戒，明乎得失，有益风化"（《晋书》卷 82《陈寿传》）。

《三国志》最早以《魏志》、《蜀志》、《吴志》三书单独流传，直到北宋咸平六年（1003 年）三书才合为一书。罗贯中的《三国演义》很大一部分就是由《三国志》为蓝本创作出来的。

《晋书》——成于众手的官修纪传体正史

《晋书》是我国第一部真正成于众手的官修纪传体正史，由房玄龄、褚遂良、许敬宗等大臣奉唐太宗之命修撰。

房玄龄（579—648 年），唐朝初年名相。名乔，字玄龄。唐代齐州临淄（今山东济南）人。

褚遂良（596—659 年），字登善，钱塘（今浙江杭州）人，唐初政治家、书法家，与欧阳询，虞世南，薛稷并称"初唐四大家"。博学多才，精通文史，秦王李世民文学馆十八学士之一。官至通直散骑常侍。

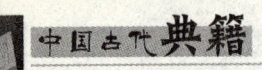

褚遂良在贞观二十三年（649年），与长孙无忌同受太宗遗诏辅政。唐高宗欲立武则天为皇后，褚遂良与长孙无忌坚决反对。武后即位后，遭贬斥而死。

许敬宗（592—672年），字延族，杭州新城人。官至太子少师。谥曰恭。编纂有《文馆词林》。

《晋书》全书共130卷，包括帝纪10卷，志20卷，列传70卷，载记30卷。该书记载了从司马懿开始到晋恭帝元熙二年（420年）为止，西晋、东晋的历史以及十六国的割据政权的兴亡历史。《晋书》体例比较完备，使它能容纳较多的历史内容，而无烦杂纷乱之感。

知识链接

纪事本末

史书主要有两大体裁：一是纪传体，一是编年体。这两种体裁各有优势，缺点也很明显。前者往往容易出现内容重复的现象，描述发生在同时期的事件时，很难体现出相互之间的关联。后者虽然时间概念很强，但是很破碎。因此后来便出现了另一体裁，取两家之长，补两家之短，形成了很独特的叙述方式，这就是纪事本末。

纪事本末的写法是先将重要的事件分门别类，形成独立的篇章，然后按照时间顺序，详述事件发生的原因、过程和结果。

纪事本末体裁出现于宋代。当时有个叫袁枢的人，很喜欢读《资治通鉴》，但是"苦其渊博"，也就是说虽然觉得写得不错，但内容太杂。于是他就"区别其事，而贯通之"，把同一事件的相关内容从不同的时期里提出来，然后连贯叙述成一个整体。他把各个事件的叙述合在一起成书，因为书的内容来自于《资治通鉴》，便取名为《通鉴纪事本末》。

纪事本末体裁的书不太多，基本涵盖在包括《通鉴纪事本末》在内的"九朝纪事本末"中，其他八种《纪事本末》分别为：明陈邦瞻《宋史纪事本末》、《元史纪事本末》，张鉴《西夏纪事本末》；清高士奇《左传纪事本末》，李有棠《辽史纪事本末》、《金史纪事本末》，谷应泰《明史纪事本末》，杨陆荣《三藩纪事本末》。"九朝纪事本末"将自鲁隐公元年（前722年）至清康熙二十二年（1683年）约两千四百年中的大事特别是政治性大事一一搜罗，自成系统，读之可知中国史事之面目。

《隋书》——现存最早的隋史专著

《隋书》是唐代官修正史的代表作，由多人共同编撰而成。

该书共分两个部分：第一部分是纪传部分，记载隋朝38年的历史，唐太宗贞观三年（629年）由魏征主编，成书于贞观十年（636年）；第二部分为史志部分，记载的是整个南北朝时期的典章制度，又称《五代史志》，由长孙无忌、于志宁等人始修于贞观十五年（641年），成书于唐高宗显庆元年（656年）。

全书共85卷，其中帝纪5卷，列传50卷，志30卷。《隋书》虽成于众手，但作者都是饱学之士，具有很高的修史水平，因此它的内容丰富、充实。在正史书志中，一直享有较高的声誉。

《南史》——南朝四代一体的纪传体史著

《南史》是合南朝宋、齐、梁、陈四代为一编的纪传体史著。该书记事起自南朝宋武帝刘裕永初元年（420年），止于陈后主陈叔宝祯明三年（589年），记述南朝四代170年的历史。《南史》是由李大师及其子李延寿两代人编撰完成。李大师（570—628年）曾任窦建德的礼部侍郎。他有感于南北朝长期分裂、互相敌视，致使历史记载不能周悉完备，统一后南北思想隔阂不易消除的状况，决心写一部编年体的南北朝史，以适应全国统一的历史要求。

他为此作了一些编纂工作,可惜过早辞世,使他的宏愿未能完成。李延寿字遐龄,世居相州(今河南安阳)。他撰写《南史》、《北史》,是继承父亲李大师的事业。

全书共80卷,其中本纪10卷,列传70卷。其编撰方法是按朝代顺序、帝王在位先后,排列各朝帝王、宗室、诸王、大臣等纪传。《南史》文字简明,事增文省,在史学上占有重要地位。其不足处在于作者突出门阀士族地位,过多采用家传形式。

《北史》——北朝五代一体的纪传体史著

《北史》是《南史》的姊妹篇,也由李大师及其子李延寿两代人编撰完成。

李延寿撰写《南史》、《北史》的工作,大致开始于唐太宗贞观十七年(643年)至高宗显庆四年(659年)书成上奏,前后共用去16年时间。如果加上李大师的修撰工作和李延寿的材料准备等工作,那么这两部书就可以说是凝聚他们父子30余年心血而成的。

《北史》主要是在《魏书》、《北齐书》、《周书》、《隋书》四部史书的基础上删订改编而成的。全书100卷,其中本纪12卷,列传88卷,记述北朝从386—618年以及魏、齐(包括东魏)、周(包括西魏)、隋4个封建政权共233年的历史。

《旧唐书》——现存最早的系统记录唐代历史的史籍

《旧唐书》原名《李氏书》,是现存最早的系统记录唐代历史的一部史籍。宋代欧阳修、宋祁等编写的《唐书》问世后,才改称《旧唐书》。

《旧唐书》的正式编撰始于后晋高祖天福六年(941年),完成于出帝开运二年(945年),历时4年多。最初由宰相赵莹监修、主持,他在组织人员、收集史料和确定体例上,做了大量工作。以后担任宰相的桑维翰、刘昫也相继担任监修。参加具体编写的是张昭远、贾纬、赵熙等9人。在全书最后完成时,正好是刘昫任监修,由他领衔奏上,所以《旧唐书》题为刘昫等撰。

刘昫(887—946年),字耀远,涿州归义(今属河北雄县)人,五代时期历史学家，后晋政治家，后唐庄宗时任太常博士、翰林学士。

《旧唐书》全书共200卷，包括本纪20卷，志30卷，列传150卷。《旧唐书》的显著特点是前后记事详略不一，文字风格也差别较大，比较粗糙。但其同时也保存了丰富的史料，记事比较详细，便于读者了解历史事件的过程和具体情况，因而受到重视。

《新五代史》——唐代以后唯一的私修正史

《新五代史》原名《五代史记》，宋欧阳修撰。欧阳修（1007—1072年），北宋文学家、史学家。字永叔，号醉翁、六一居士，吉州吉水（今属江西）人。欧阳修耗时18年编成此书。

《新五代史》是唐代设馆修史以后唯一的私修正史，是记载中国后梁、后唐、后晋、后汉、后周五代54年历史的纪传体史书，是研究五代十国的重要史料。《新五代史》撰写时，增加了《旧五代史》所未能见到的史料，如《五代会要》、《五代史补》等，因此内容更加翔实。

全书共74卷，包括本纪12卷，列传45卷，考3卷，世家及世家年谱11卷，四夷附录3卷。该书文笔简洁，叙事生动，结构严谨，选材讲究，行文流畅明快。在编撰体例上，欧阳修不按朝代界限，打破了《旧五代史》一朝一史的体系，把五代的本纪、列传综合在一起，依时间的先后进行编排。

《宋史》——篇幅最庞大的一部官修史书

《宋史》是一部官修纪传体史书，撰修于元代末年。由当时的丞相脱脱为都总裁官，于元顺帝至正三年（1343年）开始编修，于至正五年（1345年）十月即修成，历时仅两年半。

全书共496卷，包括本纪47卷，志162卷，表32卷，列传255卷，约500万字，是二十四史中篇幅最庞大的一部官修史书。该书体例完备，融汇了以往纪传体史书所有的体例，纪、传、表、志俱全，并且加以创新。但由于元朝史官水平限制，《宋史》存在一些缺点，如详略不一，删除了宋元战争史实及否定王安石变法等。

《宋史》修成以后，即在江浙行省予以刊刻，以后明代、清代及民国时期均有刻本。现在通行的是中华书局于1977年出版的标点、校勘的版本。本书

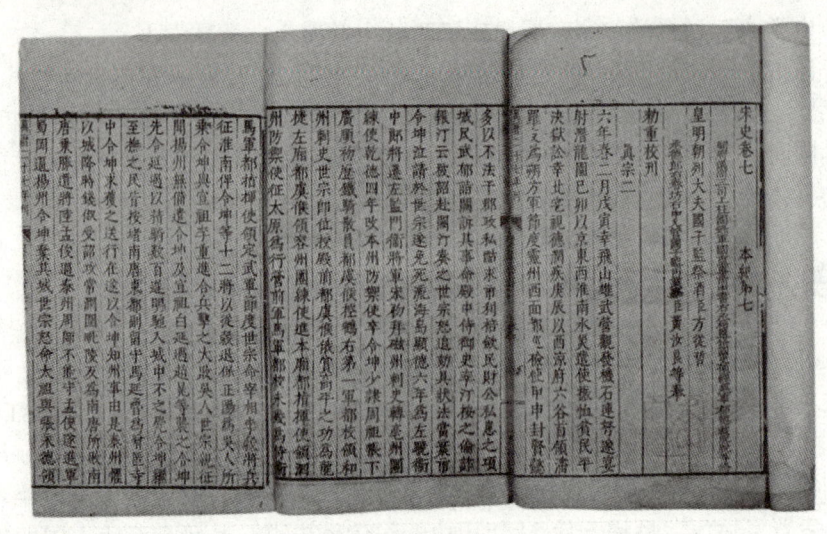

中国古代典籍
ZHONG GUO GU DAI DIAN JI

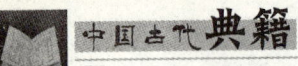

《宋史》书影

吸收了学术界长期以来的校勘、研究成果,是目前最好的版本。

知识链接

编年体

编年体是我国传统史书的一种体裁。以时间为中心,按年、月、日编排史实,是编写历史最早也是最简便的方法。如《春秋》、《资治通鉴》等就是编年体史书。

因为它以时间为经,以史事为纬,所以比较容易反映出同一时期各个历史事件的联系。也因为编年体是中国最古老的历史体裁,故《隋书·经籍志》称之为"古史"。

编年体由周代史官于公元前841年前后初创,《左传》完善其体例,荀悦《汉纪》创断代编年体,司马光成通史编年体。其它的编年体史书,还有纲目体、起居注、日历、实录、东华录等。

《辽史》——元代官修的辽朝纪传体正史

《辽史》由元朝丞相脱脱为都总裁官，具体由廉惠山海牙、王沂、徐昺、陈绎曾4人分撰。从至正三年（1343年）四月开始编修，历时11个月编撰完成。

全书共116卷，包括本纪30卷，志32卷，表8卷，列传45卷，国语解1卷。记载上自辽太祖耶律阿保机，下至辽天祚帝耶律延禧的辽朝历史（907—1125年），兼及耶律大石所建立之西辽历史，是研究辽、契丹和西辽的重要典籍。

《辽史》是二十四史中缺陷最为明显的正史之一。这既与纂修时间短促，元代史官不能仔细整理、考订有关，也与旷时日久、与辽有关的文献散佚太多有关系。

《辽史》修成以后，在元代只刻印了100部，这一版本今已失传。以后明朝及清乾隆、道光及民国时也有刻本。1974年中华书局出版的标点校勘本，是目前较好的版本。

《金史》——元代官修的金朝纪传体正史

《金史》由脱脱任都总裁官，铁睦尔达世、贺惟一（太平）、张起岩、欧阳玄、揭傒斯、李好文、杨宗瑞、王沂为总裁官，由沙剌班、王理、伯颜、赵时敏、费著、商企翁等为纂修官撰写而成，于至正四年（1344年）四月始修，次年十月完成的，用了一年半的时间。

《金史》全书135卷，包括本纪19卷，志39卷，表4卷。列传73卷，书后还附有《金国语解》一篇。此书是反映女真族所建金朝的兴衰始末的重要史籍。

历代对《金史》的评价很高，认为它不仅超过了《宋史》、《辽史》，也比《元史》高出一等。这与金朝注重史书的编纂工作是分不开的。

《金史》书影

《金史》完成之后，至正五年（1345年）九月即在江浙等处刻印了100部，以后明代、清代、民国都有刻本。目前最为通行的是1975年中华书局出版的标点、校勘本。

《元史》——系统记载元朝兴亡的纪传体断代史

《元史》成书于明代初年。洪武元年（1368年）十二月，明太祖朱元璋下令编修《元史》，由宋濂（1310—1381年）、王祎（1321—1373年）主编。次年二月正式开局修史，至八月就完成了元顺帝元统元年（1333年）以前的部分，随后又派人到各地征集元顺帝一朝的史料。洪武三年（1370年）再次开局，继续修史，至七月完成，然后合前后二书，《元史》一书遂成。

全书共210卷，包括本纪47卷，志58卷，表8卷，列传97卷，系统记载自元太祖成吉思汗统一漠北，建立大蒙古国至元朝灭亡160余年历史。

《元史》由于编修时间仓促，使它不可避免地存在许多不足之处。同时也因为它多照抄史料，所以保存了大量原始资料，使它具有比其他正史更高的史料价值。《元史》曾受到许多人的批评，清朝以来，不断有人重修《元史》，流传到现在的，有邵远平的《元史类编》、魏源的《元史新编》、曾廉的《元书》、柯劭忞的《新元史》、屠寄的《蒙兀儿史记》等。

《明史》——二十四史中的收山之作

《明史》是一部纪传体断代史史书，也是二十四史中的最后一部，记载了自朱元璋洪武元年（1368年）至朱由检崇祯十七年（1644年）200多年的历史。该书于清顺治二年（1645年）始纂直至乾隆四年（1739年）最后定稿，进呈刊刻，前后经过90多年，是官修史书历时最长的一部。

全书共332卷，包括本纪24卷，志75卷，列传220卷，表13卷。在二十四史中，《明史》以编纂得体、材料翔实、叙事稳妥、行文简洁为史家所称道，是一部水平较高的史书。清史学家赵翼在《廿二史札记》卷31中说："近代诸史自欧阳公《五代史》外，《辽史》简略，《宋史》繁芜，《元史》草率，惟《金史》行文雅洁，叙事简括，稍为可观，然未有如《明史》之完善者。"

《明史》刊行后，清乾隆、同治、光绪诸朝及民国时皆有刻本，现在通行的是中华书局于1974年出版的标点校勘本。

> **知识链接**
>
> **《清史稿》——新旧交替的史书**
>
> 　　《清史稿》是清末民初的赵尔巽（1844—1927年）在大量史实的基础上，倾心研究和编撰的一部历史性著作。《清史稿》所记之事，上起1616年清太祖努尔哈赤在赫图阿拉建国称汗，下至1911年清朝灭亡，共296年的历史。
>
> 　　全书共536卷。包括本纪25卷，共12类；志135卷，共16类；交通、邦交二志为前史所无；表53卷，共10类；列传316卷，畴人、藩部、属国三传为新建。该书详细叙述了清代的人物、史事及典章制度，是一部比较重要的大型清史著作，对于研究清代历史具有重要的参考价值。

第三节 杂史野史

《竹书纪年》——古代唯一留存的未经秦火的编年通史

　　《竹书纪年》，亦称《汲冢纪年》，是中国春秋战国时期晋国、魏国史官所记之史书。该书于西晋太康二年（281年）被盗墓者所发现。

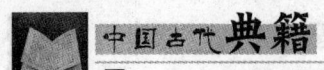

《竹书纪年》凡十三篇，叙述夏、商、西周和春秋、战国的历史，按年编次。周平王东迁后用晋国纪年，三家分晋后用魏国纪年，至"今王"二十年为止。它的历史价值和社会价值皆在古代经史之上。此书开篇是以君主纪年为纲目，上下记载了89位帝王、1847年的历史，具有较高的的史料价值。著名学者李学勤先生说："《竹书纪年》在研究夏代的年代问题上有其特殊意义，正在于它是现知最早的一套年代学的系统。"

《竹书纪年》的内容因有与传统正史记载不同之处，向来论者纷纷，真伪之争不断。《竹书纪年》自西晋时期出土以后，先后经历晋人荀勖、和峤考订释义的"初释本"，卫恒、束皙考正整理的"考正本"，宋明时期的"今本"，清代的"古本"。原文竹简亡佚，而初释本、考正本也渐渐散佚，今本被清儒斥为伪书。现今较为精准的是方诗铭的《古本竹书纪年辑证》。

《战国策》——一部最完整的战国杂史

《战国策》是我国古代记载战国时期政治斗争的一部最完整的著作。原有《国策》、《事语》、《长书》、《国事》、《短长》等不同史料，经西汉著名的经学家、目录学家、文学家刘向考证整理后，定名为《战国策》。

《战国策》的记事时间上起战国初，下至秦并六国后（约公元前460—公元前220年），共约240年。全书共33篇，记载了西周、东周、秦、齐、楚、赵、魏、韩、燕、宋、卫、中山诸国军政大事，是一部上接《春秋左氏传》、下接陆贾《楚汉春秋》的战国杂史。

该书既是一部史学著作，又是一部优秀散文集。它文笔恣肆，语言流畅，论事透辟，写人传神，还善于运用寓言故事和新奇的比喻来说明抽象的道理，具有浓厚的艺术魅力和文学趣味。《战国策》对我国两汉以来史传文、政论文的发展都产生过积极影响，在我国文学史上占有非常重要的地位。

《战国策》成书后，至宋时已有缺失，由曾巩作了订补。注本有东汉高诱注，今残缺；吴原师道作《校注》；宋鲍彪改变原书次序，作新注；近代人金正炜有《补释》，今人缪文远有《战国策新注》。

《国语》——中国第一部国别体史书

《国语》相传为左丘明所作，又称之为《春秋外传》，和作为《春秋内

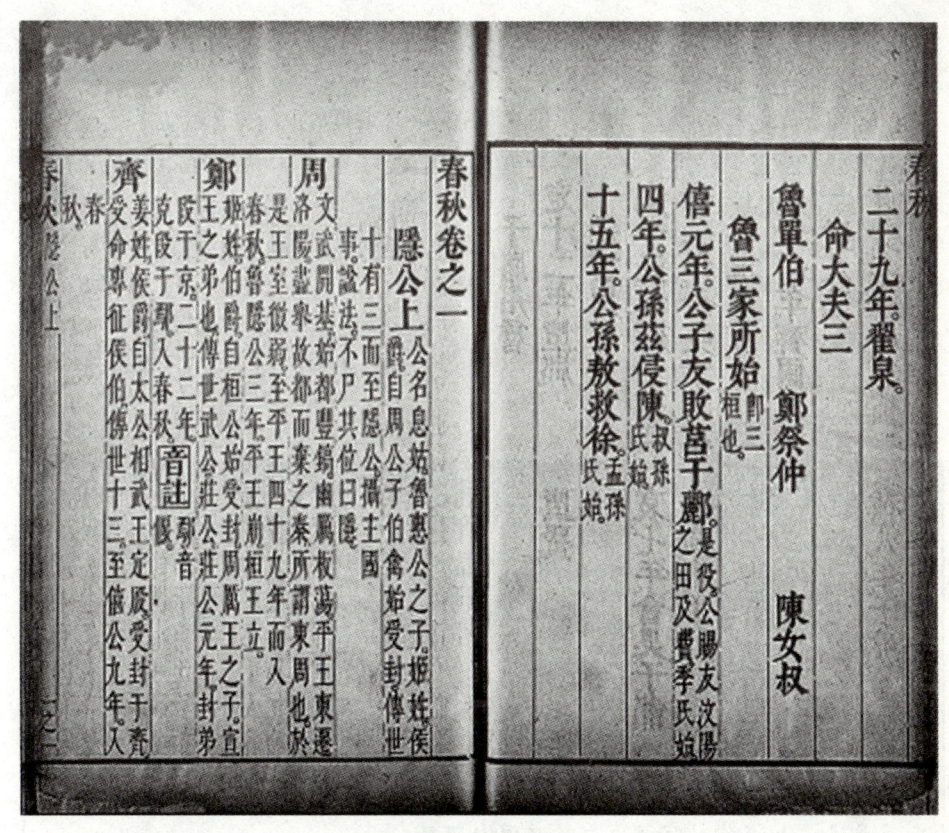

《战国策》书影

传》的《左传》并列,两书互为表里,互相参证。

《国语》是中国第一部国别体著作,记录了周朝王室和鲁国、齐国、晋国、郑国、楚国、吴国、越国等诸侯国的历史,是各国史料的汇编。该书记录了春秋时期的经济、财政、军事、兵法、外交、教育、法律、婚姻等各种内容,包括各国贵族间朝聘、宴飨、讽谏、辩说、应对之辞以及部分历史事件与传说,对研究先秦时期的历史非常重要。

《国语》记载史实的时间,上起西周周穆王征犬戎(约公元前 976 年),下至韩、赵、魏灭智伯,共约 500 年间的历史。全书共 21 卷,分国记载,有《周语》3 卷、《鲁语》2 卷、《齐语》1 卷、《晋书》9 卷、《郑语》1 卷、《楚语》2 卷、《吴语》1 卷、《越语》2 卷。

《国语》开创了以国分类的国别史体例,对后世产生了很大影响,陈寿的

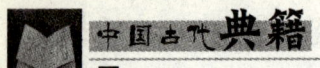

《三国志》、常璩的《华阳国志》、崔鸿的《十六国春秋》、吴任臣的《十国春秋》，都是《国语》体例的发展。

现存最早的《国语》注本，是三国时吴国韦昭的《国语解》，有天圣明道本（宋明道二年取天圣七年印本重刊）和公序本（宋代宋庠《国语补音》本，因宋庠字公序，故称）。另有清代洪亮吉《国语韦昭注疏》、汪远孙《国语校注本三种》、董增龄《国语正义》及近人徐元诰《国语集解》。1978年上海古籍出版社出版的《国语》点校本，广泛吸取前人的校勘成果，注释简明，易于阅读。

知识链接

杂史

杂史是旧时区别于纪传、编年、纪事本末的一种史书体裁，包括家史、外史、小史、稗史、野史、逸史等类别。它或记一时见闻，或记一事始末，或只是一家私记，但均带有历史掌故性质。杂史大多可以成为正史的补充，尽管杂史在一定意义上并不一定是历史上真实发生过的事情，但是我们也可以借助杂史了解到一些事情的真相。它不受体例限制，博录所闻，虽然杂荒疏浅，却可弥补官修史书的疏漏与不足。

《列女传》——中国第一部女性名人传记

《列女传》是一部介绍中国古代妇女行为的书，也被称作一部妇女史。作者刘向（约前77—前6年），原名更生，字子政，西汉经学家、目录学家、文学家。沛县（今属江苏）人。《列女传》记载了古时妇女的嘉言懿行，对通才卓识、奇节异行的女子进行歌颂，展示从古至汉的女性风采，后世以之作为衡量女性行为的准则。《列女传》对后世影响很大，其中有一些故事口口相传流传至今，如"孟母三迁"的故事即出自该书。

《列女传》原有8卷，屡经传写，到了宋代已经不是原来的本子了，分篇也各有不同。现存的本子是 7 卷，按其编排顺序依次为《母仪》、《贤明》、《仁智》、《贞顺》、《节义》、《辩通》、《孽嬖》。每卷 15 人，共 105 人，每一卷的后面都有颂。书后有《续列女传》1 卷，收列女 20 人，相传是东汉班昭所增。到了晋朝，因知名画家顾恺之为之一个个画出图像来，《列女传》的影响大大增加。

《资治通鉴》——中国第一部编年体通史

《资治通鉴》是一部编年体通史巨著，由北宋司马光主持编修，参加编撰的还有刘恕、刘攽、范祖禹等人。

司马光（1019—1086 年），字君实，号迂叟，汉族，安邑（今山西夏县涑水乡人），世称涑水先生，北宋政治家、文学家、史学家。

《资治通鉴》以时间为纲，事件为目，从周威烈王二十三年（公元前 403 年）写起，到五代的后周世宗显德六年（959 年）征淮南停笔，涵盖 16 朝 1362 年的历史。全书共 294 卷，另有《目录》30 卷，《考异》30 卷，约 300 多万字，以朝代为纪，共有 16 纪，是我国编年史中包含时间最长的一部巨著。元祐元年（1086 年）书成后，呈送宋神宗阅。神宗阅后认为"鉴于往事，有资于治道"，遂赐书名《资治通鉴》。

《资治通鉴》是我国一部极为重要的编年史，它不仅给封建统治阶级提供了统治经验，同时具有很高的史料价值。该书虽以政治、军事为主，略于经济、文化，但所包含的时间长，且取材广泛，采用的史料尤为丰富，在中国官修史书中占有极重要的地位，为后世史家所推崇。宋代的王应麟、清代的王鸣盛、钱大昕都有赞语。钱大昕在《跋宋史新编》中说："读十七史，

司马光

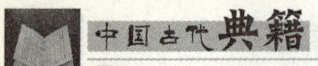

不可不兼读《通鉴》。《通鉴》之取材，多有出正史之外者，又能考诸史之异同而裁正之。昔人所言，事增于前，文省于旧，惟《通鉴》可以当之。"

《人物志》——系统品鉴人物才性的纵横家著作

作者刘劭（240—249年），字孔才，三国魏政治家和思想家，广平邯郸（今位于河北省邯郸市）人。

全书约成书于曹魏明帝统治时期（227—239年），共3卷18篇。该书是我国第一部人才学专著，也是一部研究魏晋学术思想的重要参考书。该书同时也是一部以唯物主义的元气一元论为基础，以阴阳五行的朴素辨证思想为指导，将人才学、心理学、伦理学和政治学融于一体的科学论著，奠定了中国人才学的基本理论框架。《人物志》讲述识鉴人才之术、量能用人之方及对人性的剖析。该书以综核名实为基本的思想出发点，针对当时人物品鉴的偏弊，提出了自己的一整套人物品鉴的原理、原则和方法，使人物品鉴论向理性和形而上的方向前进了一大步，开了以后"四本才性"和以老庄思想解释儒家"圣人观"而融通儒老的先河，不管是对当时还是以后的人才选拔和培养，都有重要的指导意义。

南北朝时西凉刘炳曾为该书作注。其后流传既久，传本颇多谬误。明万历甲申（1584年）河间刘用霖用隆庆壬申（1572年）本旧版合官私书校之，去其重复，成为定本。今有《汉魏丛书本》、《明万历刘氏刊本》、《四库全书本》、《四部丛刊本》等。

《史通》——世界首部系统性的史学理论专著

《史通》是中国古代第一部系统的史学评论著作，作者刘知几（661—721年），字子玄，彭城（今江苏徐州）人。此书的编著时间始于唐代武后长安二年（702年）。刘知几不满于当时史馆制度的混乱和监修贵臣对修史工作的横加干涉，于景龙二年（708年）辞去史职，"退而私撰《史通》，以见其志"，历时九年，至唐中宗景龙四年（710年）成书。

《史通》共20卷，包括内篇39篇、外篇13篇，其中内篇的《体统》、《纰缪》、《弛张》三篇在北宋欧阳修、宋祁撰《新唐书》前已佚，全书今存49篇。全书内容主要评论史书体例与编撰方法，以及论述史籍源流与前人修史之得失，包括的范围十分广泛，基本上可以概括为史学理论和史学批评两大类。内篇为全书的主体，着重讲史书的体裁体例、史料采集、表述要点和作史原则，而以评论史书体裁为主；外篇论述史官制度、史籍源流并杂评史家得失。

史学理论指有关史学体例、编纂方法以及史官制度的论述；史学批评则包括评论史事、研讨史籍得失、考订史事正误异同等。由于《史通》总结唐以前史学的全部问题，因而拥有极高的史学地位，对后世影响深远。刘知几还第一次提出了史学家必须具备史才、史学、史识"三长"的论点，对后世产生深远影响。

唐末柳璨著有《史通析微》。《史通》之宋刻本已不可见，流传至今的最早本子系明刻宋本，如万历五年（1577年）的张之象刻本。万历三十年（1602年）的张鼎思刻本，源于嘉靖十四年（1535年）的陆深刻本，也是较早的本子。李维桢在张鼎思刻本的基础上进行评论，乃有《史通评释》刻本。此后续有郭孔延的《史通评释》、王维俭的《史通训诂》以及清朝黄叔琳的《史通训诂补》等。浦起龙将明清各种版本疏而汇之，予以互正，撰《史通通释》，刻于乾隆十七年（1752年），此即求放心斋刻本，流传较广。1978年，上海古籍出版社排印王煦华校点《史通通释》，有详细校勘，并改正许多引书上的错误，书末附录陈汉章的《史通补释》、杨明照的《史通通释补》、罗常培的《史通增释序》，是为目前的通行本。

《东京梦华录》——北宋都城开封府的城市风貌

作者孟元老，生于北宋末年，崇宁二年（1103年）随其父到东京，至建炎元年（1127年）北宋覆亡后南逃，在东京共生活了23年。晚年写成《东京梦华录》。

全书共10卷，是研究北宋都市社会生活、经济文化的一部极其重要的历史文献古籍。该书全面描写了北宋都城东京开封府的城市风貌，分别记载：东京城池、河道、宫阙、衙署、寺观、桥巷、瓦市、勾栏、以及朝廷典礼、岁时节令、风土习俗、物产时好、诸街夜市等，反映出当时都城官、私手工业作坊、商业、文化、交通的发达情况和东京的风貌。

作者还用大量的笔墨，记录了当时东京民间和宫廷的"百艺"，并辟《京瓦伎艺》一目，详述了勾栏诸棚的盛况及各艺人的专长。该书对宫廷教坊、军籍、男女乐工、骑手、球队也作了描绘，特别是春日宫廷女子马球队在宝津楼下的献艺，还有火药应用于"神鬼"、"哑杂剧"中增加效果等，给中国"百艺"史上留下了可贵的记录。书中关于诸宫调的渊源，诸艺的名称，讲史、小说的分类等，也很受研究中国戏曲、小说和杂技史的学者的重视。

《东京梦华录》所创立的体裁，为以后《都城纪胜》、《梦粱录》、《武林旧事》、《如梦录》、《续东京梦华录》等书所沿用。1956年，上海古典文学出版社曾出版了《东京梦华录》的标点本。

知识链接

野史

野史是指旧时私家编撰的史书，与"正史"相对而言。在正史中不敢或不便写的，野史会对它进行一些补充。

所谓"野"，有两层含义：第一，从与在朝人士相对立而言，是在野人士（或士大夫的下层人士）所作，未经官方审定，更不是"钦定"的，甚至为官方所禁，不是藏于庙堂官厅，而是流传于"野"，当然，其中某些书也流传到官厅，在流传中经过官方删改；第二，从雅与俗、文与野相对立而言，是未经人工过分雕饰的，是原始的史料，虽然显得粗鄙，但具有原始性、真实性。这种闾巷风情、街谈巷说、遗闻佚事的纪录，也叫"稗史"，其实就是野史。

野史中所写的人物和事件大多是实有其人、实有其事的。刘鹗《老残游记》云："野史者，补正史之缺也。名可托诸子虚，事虚证诸实在。"相比较而言，正史的史料更可靠，更权威也更可信，但由于封建的正统观念及其他种种原因，也删去了一些本该记入正史的事情。这些事情，便成了野史。

《湘山野录》——北宋名僧的笔记体野史

《湘山野录》是北宋僧人文莹撰写的一部笔记体野史。文莹，字如晦，一说字道温，北宋时期钱塘人。生卒年月不详，大约生活在真宗至神宗这一段时间。据《文献通考》引晁公武《郡斋读书志》，说文莹是吴地僧人，而《四库全书总目提要》的作者认为《通考》有误，认为文莹在荆州之金銮寺隐居并著成《湘山野录》一书。此书上、中、下三卷，续录一卷，作于荆州湘山，以"野录"名书，表明其书与官方史书有别，所载宋代朝野轶闻杂事，多可补正史之不足。

《湘山野录》写成于神宗熙宁年间，主要内容是记载自北宋开国至神宗时期的历史，内容十分广泛，涉及朝章国典、宫闱秘事、将相轶闻，下及风俗风情，主要内容仍是朝廷高官显贵的趣闻轶事。这个文莹虽是身居佛寺，却也是个心在朝廷、不甘寂清之人，书中有几个条目记载他和当朝大臣的一些交往，语气中也不满自得之气。

《湘山野录》的主要内容是对皇帝歌功颂德、涂脂抹粉。但这位僧人也有口没遮拦的时候，有时也涉及统治阶级内部勾心斗角的黑暗内幕。

宋徽宗崇宁二年（1103年），朝廷下诏禁毁元祐党人的书籍，《湘山野录》由于某些记载暴露了北宋朝廷的阴暗面，因此也上了禁毁书目。

此书有《津逮秘书》、《学津讨原》、《学海类编》本，以及民国有正书局和中华书局整理本等。中华书局1984年出版了郑世刚点校的《湘山野录》，是目前最好的版本。

《草木子》——明人笔记的一部伟大著作

作者叶子奇（约1327—1390年），字世杰，号静斋，别号草木子，浙江龙泉人，元明之际著名学者。《草木子》是叶子奇在狱中所撰写的笔记，恐一旦身死，与草木同腐，埋没无闻，故名其书曰《草木子》，出狱后整理成书。

书中包括天文星躔之象、律历推步之法、阴阳顺逆之度、幽幻玄怪之迹，又有政治得失之故、器象沿革之制、学术文化之蕴、穷檐委巷之谣，以及卉木虫鱼之侯、医卜农圃之艺，都广博搜罗，探微析精，记录前人想不到的，足以证经补史，在明人的笔记中占有重要地位。特别是关于元朝的掌故和元末农民起义的史迹，这是其他书所没有记载的，具有较高的史料价值。《草木子》虽然只是一本5万多字的小册子，但它的意义却不同凡响。

此书原稿为4卷22篇，到明正德十一年（1516年）其裔孙叶溥刊刻时，已有部分散佚，故合并为八篇，仍分成四卷。该书有《四库全书》、《百陵学山》、《说郛》、《快书》等版本。

知识链接

《陶庵梦忆》——明代社会生活的一幅风俗画卷

《陶庵梦忆》八卷，是张岱传世作品中最著名的一部。张岱（1597—约1676），字宗子，改字石公，号陶庵、别号蝶庵居士，山阴（今浙江绍兴市）人，明朝散文家。他是仕宦世家子弟，具有强烈的民族意识，清兵南下后，他深感国破家亡的沉痛和悲愤，对清统治者表现出强烈的不满与抗议。到了晚年，张岱以追忆的方式，记叙早年的见闻，写成《陶庵梦忆》、《西湖梦寻》以及记录明代史事的《石匮书》，以寄托故国之思。

该书成书于甲申明亡（1644年）之后，直至乾隆四十年（1775年）才初版行世。其中内容多是张岱的亲身经历，如茶楼酒肆、说书演戏、斗鸡养鸟、放灯迎神以及山水风景、工艺书画等等，可以说是江浙一带一幅绝妙的《清明上河图》。书中通过对贵族子弟的浪漫生活的描写，反映出当时的社会生活和风俗人情。另外值得一提的是，本书中含有大量关于明代日常生活、娱乐、戏曲、古董等记录，这对研究明代物质文化有着重要意义。

《明夷待访录》——明末清初的"人权宣言"

作者黄宗羲（1610—1695年），字太冲，号南雷，学者称梨洲先生，浙江省余姚县黄竹浦人。其主要著作有《明儒学案》、《宋元学案》和《明夷待访录》等。

《明夷待访录》成书于康熙二年（1663年），是一部具有启蒙性质的批判君主专制，呼唤民主政体的名著。该书有《原君》、《原臣》等论文21篇。《原君》批判现实社会之为君者"以我之大私为天下之大公"，实乃"为天下之大害"。《原臣》指出，臣之责任，乃"为天下，非为君也；为万民，非为一姓也"。《原法》批评封建国家之法，乃"一家之法，而非天下之法"。《学校》主张扩大学校的社会功能，使之有议政参政的作用。黄宗羲所设想的未来学校，相似于近代社会舆论中心和议会的机构。黄宗羲主张君主开明立宪制，扩大社会对执政者的监督权力，有近代民主政治的思想。这种思想是从中国传统文化中发展出来的，因而非常可贵。这部书受到清朝统治者的查禁，直至清末才重见天日，受到谭嗣同、梁启超等人的重视和赞许。

黄宗羲

《明夷待访录》现存钞本、刻印本20余种。1985年浙江古籍出版社出版了《黄宗羲全集》第一册，内收《明夷待访录》，并加以点校，颇便于阅读。单行本有北京古籍出版社1955年铅印标点本和中华书局1981年重印标点本。

第四节
典志地理

《山海经》——我国最早的一部地理学专著

《山海经》撰者不详。自古号称奇书,影响颇深。

《山海经》全书18篇,约31000字。中有藏山经5篇、海外经4篇、海内经4篇、大荒经5篇。该书主要记述古代地理、物产、神话、巫术、宗教等,也包括古史、医药、民俗、民族等方面的内容,保存了不少远古的神话

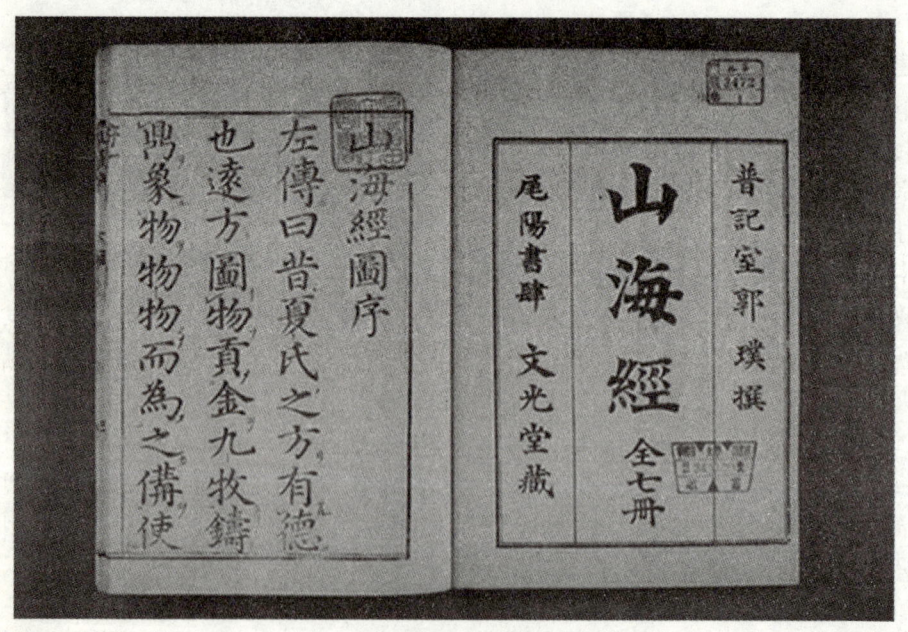

《山海经》书影

传说,对古代历史、地理、文化、中外交通、民俗、神话等研究,均有参考价值。其中的矿物记录,为世界上最早的有关文献。

《山海经》传本较多,除各种单行本外,收入丛书者有《道藏》本、《四库全书》本、《格致丛书》本、《二十二子》本、《百子全书》本、《四库备要》本、《龙溪精舍丛书》本等。现存最早的注本是晋郭璞《山海经注》。清郝懿行采前人注释之长,撰《山海经笺疏》十八卷,别为《订论》一卷,贡献甚大。今人袁珂《山海经校注》集诸家之长而又时有发明。通行本有上海古籍出版社1980年7月出版的《山海经校注》。

《盐铁论》——西汉经济思想史的一部重要著作

作者桓宽,生卒不详,字次公,西汉汝南(今河南上蔡)人。

《盐铁论》原为汉昭帝时盐铁会议的文献,系西汉后期政论文集,后经桓宽整理而成此书。全书共60篇,涉及内容广泛,包括政治、经济、军事、文化等,是当时社会面貌的真实写照,是研究西汉中期历史的重要资料。

为了使论点不断深化,它借鉴了汉赋主客问答的方式,以文学、贤良等为一方,以御史、大夫等为另一方,进行辩论。从创新方面来说,它是汉赋的一种变体,在中国古代散文发展史上具有重要意义。其议论以实际情况为根据,针砭时弊,切中要害,语言简洁流畅,通俗质朴,堪称"对话体的历史小说"。

桓宽服膺儒家思想,在政治上站在反对桑弘羊的立场,但他把盐铁会议辩论双方的思想、言论比较忠实地整理出来,因而使《盐铁论》这部著作,不仅保存了西汉中期较丰富的经济史料,也把桑弘羊这一封建社会杰出理财家的概略生平、思想和言论相当完整地保留了下来,成为研究中国经济思想史,特别是西汉经济思想史的一部重要著作。

《盐铁论》自宋以来历代皆有刊本,较通行的有清张敦仁考证本,郭沫若《盐铁论读本》。以中华书局1992年出版的王利器《盐铁论校注》最为通行。

典志

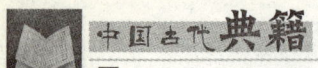

典志是记述历代典章制度的文章书籍。杜佑的《通典》、马端临的《文献通考》都是典制通史。汇编某一朝代各项经济、政治、社会制度的会要,也属典志。古书如《礼记》中的《王制》、《月令》、《明堂位》等篇,《史记》八书、《汉书》十志,及十通、会典、会要等均属典志性质。

《华阳国志》——我国现存最早的方志之一

作者常璩(约291—361年),东晋蜀郡江原(今四川崇庆)人。

《华阳国志》又名《华阳国记》,是我国现存最早的方志之一。全书共12卷,包括三部分:一至四卷为地理部,所涉及的疆域,北起今陕甘南部,南至今滇南和滇西南边境,西起今川西地区,东至长江三峡;五至九卷为历史部,采用编年体形式,时间从远古蚕丛、鱼凫的传说时期起,迄东晋咸康五年(339年)止,其叙述的侧重点,则在公孙述、刘焉据蜀时期,三国蜀汉时期和氐李成汉统治时期;十至十二卷为人物部,记载自西汉迄东晋初年的"贤士贞女"。

此书体制完备,资料丰富,考证翔实,具有很高的史料价值。内容上历史、地理、人物的三结合,体裁上地理志、编年史、人物传的三结合,是方志史上的一大创举。各志前每有总序,各郡前又必有分序,提纲挈领,至为条理,行文典雅,言简意赅,优美生动。

该书自草创始就,即备受重视。范晔著《后汉书》,裴松之注《三国志》,曾大量采用其文,后来崔鸿著《十六国春秋》、郦道元注《水经》、刘昭注《后汉志》,凡涉及西南史地者,亦无不尽量吸收《华阳国志》的成果。从《隋书·经籍志》开始,历代书志均加著录。任乃强先生认为"其开我国地方史志创造之局,有如《史记》之于我国史籍"。

现存最早刻本有明嘉靖四十三年(1564年)张佳胤蒲州刻本,另有明嘉靖四十三年刘大昌本,明嘉靖、隆庆间钱谷抄本,清乾隆四十七年(1782年)丁杰、李调元函海本,清嘉庆十九年(1814年)廖寅题襟馆本。中华书局1976年收入《国学基本丛书》刊行,较为通行。巴蜀书社1984年7月出版刘琳校注《华阳国志校注》,质量较优。

《大唐西域记》——古代印度旅行记

《大唐西域记》简称《西域记》,是由唐代著名高僧唐玄奘口述,门人辩机奉唐太宗之敕令编集而成。玄奘(602－664年),汉传佛教史上最伟大的译经师之一,中国佛教法相唯识宗创始人。俗姓陈,名祎,出生于洛阳偃师市,出家后遍访佛教名师。太宗贞观三年(629年),玄奘从京都长安出发,历经艰难抵达天竺。游学于天竺各地,贞观十九年(645年)回到长安,在大慈恩寺等寺院进行研究和翻译佛经直到圆寂。《大唐西域记》成书于唐贞观二十年(646年),为玄奘游历印度、西域旅途19年间之游历见闻录。

《大唐西域记》共12卷,记述128个国家和地区的都城、疆域、地理、历史、语言、文化、生产、生活、物产、风俗、宗教信仰。此外,还记述了其他十余国家的情况。本书是继晋代法显之后又一取经游记巨著。书中不仅生动描述了阿富汗巴米扬大佛、印度雁塔传说、那烂陀学府以及诸如佛祖成道、佛陀涅槃等无数佛陀圣迹,还有很多佛教传说故事。先后被译为英、法、德、日等国文字广为传播,是研究中外文化交流、佛教历史及交通史、民族史的珍贵资料。

《大唐西域记》实际是一部玄奘西

玄奘负笈图

行的实录。在西行求法的征程中，玄奘经历了数年时光，所到国家上百，山河城关成千上万，观礼佛寺宝塔成千上万，亲历事故和接触的人物不计其数。《大唐西域记》里连同他每走一地所处方位、距离多少里、国体民情、风俗习惯、气候物产、文化历史都写得清清楚楚，就连哪个寺院所奉某乘某宗，僧众多少，是何人讲什么经，多少卷等，都写得十分详尽，准确无误。这些记载又被后来的历史文献和文物考古所佐证。依据玄奘所撰《大唐西域记》记载提供的线索，对著名的印度那烂陀寺、圣地王舍城、鹿野苑古刹等遗址进行考古发掘，出土了大量的文物古迹，成为考古史上一大奇迹。这些都充分证明，玄奘当年在险恶艰难的求法途中，将所经历的大量信息和各类资料准确无误地记录在案。

《大唐西域记》对印度历史的影响相当重要，因为印度民族虽然创造了相当重要的古代文化，但从来不注重记录历史，玄奘的记载对研究印度历史是不可多得的宝藏。印度历史学家阿里教授说："如果没有法显、玄奘和马欢的著作，重建印度历史是完全不可能的。"印度目前的国徽狮头柱和国旗上的法轮图案，都是来源于鹿野苑的考古发掘。而包括鹿野苑、那烂陀寺、菩提伽耶阿育王大塔、桑奇大塔等几乎所有印度著名佛教遗址的现代发掘，都是英国考古学家亚历山大·卡宁厄姆等人自19世纪始，依照玄奘的描述找到的。特别要提到的是，玄奘还在书中描述了在2001年被阿富汗塔利班政府所毁的巴米扬大佛。印度古代统一印度的唯一一位印度人，今天所见历史书里印度引以为傲的阿育王的事迹，也基本上是来源于玄奘的记载。

《唐六典》——我国现存最早的一部行政法典

《唐六典》，唐代官修政书，记载唐前期的职官建置及职掌。开元十年（722）唐玄宗李隆基召起居舍人陆坚修《六典》，并亲自制定理、教、礼、政、刑、事六条为编写纲目，由丽正书院（后更名集贤院）总其事。在中书令张说、萧嵩、张九龄等人的先后主持下，徐坚、韦述、刘郑兰、卢善经等十余人参与修撰。于开元二十六年（738年）撰成并注释后，于次年由宰相李林甫奏呈皇帝。所以，书题为唐玄宗御撰，李林甫奉敕注。

全书共30卷，近30万字。《唐六典》始撰时，准备仿照周礼六官安排体例，但实际上是以唐代诸司及各级官佐为纲目。首卷为三师、三公、尚书都省；以下依次分卷叙述吏、户、礼、兵、刑、工六部；然后叙门下、中书、秘书、殿中、内侍等五省，以及御史台、九寺、五监、十二卫和东宫官属；末卷为地方职官，分叙三府、都督、都护、州县等行政组织。

《唐六典》的正文记叙唐朝中央、地方各级官府的组织规模、官员编制（定员与品级）及其职权范围。约占全书三分之一的注文，或记职官沿革，或作细则说明，或附录有关诏敕文书。正文所叙诸官司的职掌，多直接取自当时颁行的令、式，均属第一手资料。注文所叙职官的沿革，多取自先代典籍。由于这些令式和典籍至今多有亡佚，所以《唐六典》具有较高的文献价值，一向为学者所重视。《通典》、《旧唐书》、《新唐书》的作者都采用了《唐六典》的材料，其职官部分基本上是依据《唐六典》撰成的。

《唐六典》最早的刻本是北宋元丰三年（1080年）本，已佚。今存最古刊本为南宋绍兴四年（1134年）温州刊刻残本，仅存卷一至卷三第一页，卷三、卷七至卷十五、卷二十八至卷三十，共计十五卷（内有缺页），分藏于北京图书馆、南京博物院、北京大学图书馆，现有中华书局影印本。明代有正德十年（1515年）和嘉靖二十三年（1544年）两种刻本。清代有嘉庆五年（1800年）扫叶山房本和光绪二十一年（1895年）广雅书局本。《唐六典》在国外流传甚早，约在9世纪末成书的《日本见在书目》，即著录有《唐六典》一书。日本现存古刻本有享保九年（1724年）近卫家熙刻本和天保七年（1836年）官刻本，以近卫本较好。1973年，日本广池学园事业部影印《大唐六典》，系以近卫本为底本，吸收了玉井是博《南宋本大唐六典校勘记》的校勘成果，成为日刊《唐六典》的最佳版本。

知识链接

《元丰九域志》——北宋时期的综合性地理总志

北宋王存、曾肇、李德刍编修。

王存（1023—1101年），字正仲，润州丹阳（今属江苏）人，历官秘书省著作佐郎、馆阁校勘、集贤校理、史馆检讨、知太常礼院、同修国史、尚书左丞等，累上书陈时政，常为宋神宗赵顼所采纳。

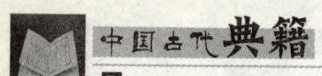

曾肇（1047—1107年），字子开，南丰（今属江西）人，历官馆阁校勘、同知太常礼院、国史编修、吏部侍郎等，与其兄曾巩皆以才学闻名当世。

李德刍，邯郸（今属河北）人，官光禄寺丞，长于地理学，著有《元丰郡县志》30卷、图30卷。

《元丰九域志》是以疆域政区为主体的北宋神宗元丰时综合性地理总志。全书分10卷，始于四京，次列二十三路，终于省废州军、化外州、羁縻州，分路记载所属府、州、军、监及其距京里程、四至八到、主客户数、土贡、领县数和名称；每县下又详列距府州方位里程、所领乡数、镇、堡、寨名目以及名山大川。府州县皆标出其等第。文直事赅，条理井然。书中记述州县沿革，以元丰以前为主，涉及唐、五代只一笔带过。文字虽记载简要，但内容丰实，独具一格。

书中除记载当时疆域政区外，又备载各地户数、元丰三年（1080年）土贡数额及城、镇、堡、寨、山岳、河泽的分布，据统计仅镇即达1880多个，山岳、河泽亦各在一千以上。这是研究历史经济地理和历史自然地理的宝贵资料。

第四章

诸子典籍

诸子百家之作,在《四库全书》中归入"子部"。《四库全书》把除去儒家中上升为"经"的著作,其余各家立说之作,皆归为子部。具体而言,还可分为若干小类,如儒家类、兵家类、法家类、农家类、医家类、天文算法类、术数类、艺术类、谱录类、杂家类、类书类、小说家类、释家类、道家类,等等。

第一节
诸子百家典籍概述

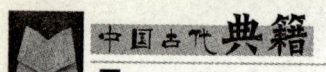

百家争鸣

百家争鸣是指春秋（公元前770—公元前476年）战国（公元前475—公元前221年）时期知识分子中不同学派的涌现及各流派争芳斗艳的局面。《汉书·艺文志》将战国主要思想学派分为十家——儒、墨、道、法、阴阳、名、纵横、杂、兵、小说。

周秦之际，是我国学术史上的黄金时代，诸子百家风起云涌、授徒立说。周秦诸子的著述，其价值与影响足以与儒家"经"书相抗衡。

春秋战国是智者云集的时代。如何在风云变幻的政局中成就霸业？管仲、晏婴、子产等一批治国能臣在实践中施行着各自的政治主张。诸侯争霸，群雄并起，逐鹿中原，问鼎天下，剑指前方，何人统率？孙武、孙膑、吴起等一批优秀军事人才应运而生。朝秦暮楚，合纵连横，分析天下形势，采取有利措施，苏秦、张仪、苏代等展现了乱世中的外交才华。周道衰微，名实混乱，辩者惠施、公孙龙倾其才学，辨名责实。

这一时期出现了一大批思想家，老子、孔子、墨子、宋子、慎子、申子、惠子、孟子、商鞅、庄子、关尹、列子、邹子、荀子、韩非子等，他们以深邃的思想表明了对人类社会、人类自身的理性认识。他们构筑起中国人的精神世界，开辟了中国人的文化传统。学术的空前繁荣，出现了"百家争鸣"的盛况，迎来了中国学术的黄金时代。

百家争鸣不仅把中国思想文化推到一个前所未有的高度，且为后世中国文化的发展奠定了基础。其学说体现了中国思想文化的多样性与创造性，为中国思想文化的活水源头，确定了后世中国传统文化的基本格局，从而形成了不同于西方文明的东方文化传统。

小说的创作及其典籍

小说是与诗歌、散文、戏剧并称的一大文学形式。从上古到秦汉为古代小说的萌芽时期。上古的神话传说是古代小说的源头之一，我国古代没有系统记载神话的专书，许多神话故事保留在早期古籍之中，如《山海经》、《穆天子传》、《楚辞》、《淮南子》等。春秋战国时期兴盛的寓言故事对古代小说的孕育也是一个重要的因素，大量的寓言故事保留在《庄子》、《荀子》、《韩非子》等一些先秦诸子著作之中。

魏晋南北朝时期，古代小说初具规模，出现了谈鬼神怪异的志怪小说和记人物轶事的志人小说两种类型。这些小说的内容大多来自民间传说，其原创内容生发和创作，同后世小说虽仍有距离，但已有小说的雏形。如东晋干宝的《搜神记》、刘宋时刘义庆的《世说新语》、东晋葛洪的《西京杂记》等。

古代小说发展至唐代渐趋成熟。唐代小说，通常称为"唐传奇"。唐代传奇小说的发展有三个阶段：隋唐之际至开元是初期，产生了王度的《古镜记》、无名氏的《补江总白猿传》、张鷟的《游仙窟》等，逐步由六朝志怪而转向人事。开元到元和之间为唐传奇的全盛期，此期作品已完全脱离志怪的范围而成为独立的小说体裁，其中最有光彩的是以爱情为主题的作品，如李朝威的《柳毅传》、白行简的《李娃传》、蒋防的《霍小玉传》、陈玄祐的《离魂记》、元稹的《莺莺传》、李公佐的《谢小娥传》等。此外。也有一些传奇小说写人生梦幻、消极出世，如沈既济的《枕中记》、李公佐的《南柯太守传》；也有一些历史题材的传奇，如郭湜的《高力士传》、姚汝铭的《安禄山事迹》等。晚唐至五代为后期，此期作品虽多，但成就不高，较有特点的是杜光庭的《虬髯客传》、裴铏的《聂隐娘》等写侠义英雄的传奇。这些传奇由于多为短篇，故少有单书流传，大都保存在《异闻集》、《虞初志》等唐传奇作品集中。后期出现一些传奇专集，即作者以自己的作品结集成书而流行，如牛僧孺的《玄怪录》、李复言的《续玄怪录》等，皆流传至今。

宋元时期"话本"兴起，使古典小说又有了重大的发展。话本是说话艺人所用的故事底本，有的取材于现实生活，内容新鲜活泼；有的取材于历史，情节曲折起伏，且用通俗的白话文叙述，因而深受群众欢迎，逐步取代传奇而占领小说领域，白话文由此也逐渐成为小说的文学语言的主要形式。话本内容不一，可分小说类和历史类。小说类话本影响最大，宋元小说类话本总数不下百种，但现存仅四五十篇，多保留在《京本通俗小说》、《清平山堂话本》等小说话本集中。明代冯梦龙编的"三言"中，也有一批宋元小说话本。宋元话本是古典小说发展到此期的主流，除此之外，还有不少传奇和笔记小说问世。另外，宋代还出现了几部通代小说总集，如北宋李昉等人奉诏纂集的《太平广记》500卷，北宋刘斧摘编的《青琐高议》等。

《阅微草堂笔记》书影

明清时期，是我国古典小说的创作高峰。明代短篇小说的成就，除了对宋元话本的总结整理外，较突出的是"三言两拍"五部拟话本短篇白话小说集的问世。"二拍"之后，直至清代，还有不少文人创作拟话本短篇小说，出了一些专集，乾隆以后拟话本才渐趋衰落而绝迹。今存者有明代《石点头》、《醉醒石》、《西湖二集》、《三刻拍案惊奇》等等。清代有《照世杯》、《豆棚闲话》、《十二楼》（又名《觉世名言》）等。明末清初由署名"抱瓮老人"编选的《今古奇观》，是一部话本小说选集，数百年来流传甚广。除了白话短篇小说外，明清两代还出现了大批文言短篇小说，如明代瞿佑的《剪灯新话》四卷，李昌祺的《剪灯余话》四卷，清代纪昀的《阅微草堂笔记》二十卷等，但成就最大的是清代蒲松龄的《聊斋志异》。

我国古典小说，经过长期的孕育、演变和发展，到明代终于产生了长篇章回小说，并在明清两代大为盛行，许多长篇小说杰作大放光彩，在文学史上占有重要的地位。章回小说是我国古典长篇小说的唯一形式，其特点是分回标目，情节连接，段落整齐，它是在宋元讲史话本的基础上发展起来的。明清长篇章回小说的创作数量较多，其中《三国演义》、《水浒传》、《西游记》、《金瓶梅》、《红楼梦》、《儒林外史》等优秀的长篇章回小说已家喻户晓，甚至翻译成外国文字，在世界范围内传播。明清长篇章回小说以其篇幅宏伟、结构精密、情节曲折、人物众多、典型突出及反映社会生活面广阔等特点，成为我国古典小说最高成就的标志。

兵法传统与兵家典籍

《孙子》曰："兵者，国之大事，死生之地，存亡之道，不可不察也。"中国历来重视对兵法的研究，素称"兵法之国"，博大精深的军事思想影响广远。历史上频繁激烈、规模巨大、空间广阔、形式多样的战争实践，为古代兵法研究提供了动力。数千年高度集中的政权体制，以农业为主、游牧为辅的经济结构，尚武、重谋、爱国、爱和平、民族自尊和凝聚力极强的心理素质，平原沙漠、江湖河海、崇山峻岭兼具的地理环境和复杂的气候条件等等，也不同程度地决定了中国兵法传统的发展趋势和特色。

历代兵法思想的主要载体是兵书，我国的兵书不仅历史悠久，卷帙浩繁，而且绵延两千年从未间断。种类众多、内容丰富的兵书典籍，记录了历代军事家对于军事和战争的理性认识。各个时代的兵书根据所处时代的特点，提出了许多特殊的和一般的作战指导原则，以及将帅修养、士卒训练、阵法布列和大量的兵制及兵规。历代兵书还记载了军事家们对于天文、地理、交通等作战条件的分析，兵器军械的制造和利用，军需粮饷的筹备以及城防、边防、海防等具体问题。提供了大量将帅传记及战争战例等军事史实。

中国古代的兵书是一座军事文献的宝库。由中国军事科学院编撰的《中国兵书知见录》，就著录了历代兵书3380部，23503卷。根据许保林著《中国兵书通览》中的"现存兵书简目"记载，今存兵书仍有1200多种。

卷帙浩繁、内容丰富的古代兵书，不仅在军事史中有极高的学术价值，而且在哲学史、文学史、科学技术史上也占有重要地位。尤其是其中以阐述战略战术为主的兵法典籍，影响更大，声誉更高。它们不仅指导了中国历史上千百次有声有色的战争，培养了众多优秀将帅，而且早在1000多年前就流传到国外，被翻译成多种文字在世界流传，成为国外许多著名军事人物极力推崇的著作。由此可以看出，中国古代的兵家典籍不仅是中华传统文化的一笔珍贵遗产，也是中华民族对世界文明的重要贡献。

知识链接

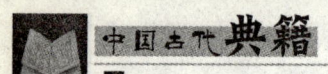

武经七书

《武经七书》是北宋朝廷作为官书颁行的兵法丛书,是中国古代第一部军事教科书。它由《孙子兵法》、《吴子兵法》、《六韬》、《司马法》、《三略》、《尉缭子》、《李卫公问对》七部著名兵书汇编而成。宋朝以来一直作为武学必读的《武经七书》,集中了古代汉族军事著作的精华。注重军事史学也是汉族文化史的一个突出的特点。

《武经七书》是中国古代兵书的精华,是中国军事理论殿堂里的瑰宝。它不仅是汉民族的精神财富,也是世界人民共同的精神财富。它奠定了中国古代军事学的基础,对中国和世界发展近代、现代军事科学起了积极的作用。

佛道典籍

佛教与基督教、伊斯兰教并称为世界三大宗教,因崇奉佛和阐扬佛的理论言行而得名,包括佛学经典、仪式、组织等。佛是佛陀的简称,意为觉悟。佛教的创始人释迦牟尼是古印度迦毗罗卫国王子乔达摩·悉达多。佛教约在西汉末年传入中国,经过佛教徒的不断努力,印度佛教与中国的本土文化如儒家学说、道家理论相互吸取借鉴逐步中国化。佛教传入中国后,对中国社会生活的各个方面产生了相当深远的影响,一直持续到今天。

道教为中国土生土长的宗教,兴起于东汉中叶。道教杂采道家、儒家、墨家、阴阳、谶纬学说,以追求长生不死为目的。道教学说的核心是"道",认为道是天地万物的本源。"道"可以通过修行而得,人人皆可修道成仙,长生不老。道家修炼的形式有风服饵、导引、胎息、内丹、外丹、房中、辟谷等,其宗教仪式有斋醮、祈祷、诵经、礼忏等。道教在长期的发展过程中,对我国古代社会的政治、经济、哲学、文学、艺术、音乐、化学、医学、养生学、气功学以及民族心理、社会习俗等各个方面都曾产生过深刻的影响，直至今天仍然如此。

本书佛道典籍，选取常见且影响大者。在佛教典籍中，《金刚经》、《心经》、《妙法莲花经》、《坛经》等对中国社会、文化影响最大。佛教典籍的汇编是《大藏经》。

道教的主要经典为《老子》、《庄子》、《太平经》、《周易参同契》、《抱朴子》、《列仙传》等。道教典籍的汇编是《道藏》。

科技典籍

中国古代的科学技术一直是走在世界前列的，作为世界文明古国重要标志之一的四大发明（造纸术、印刷术、火药、指南针），更是对中国和世界文明作出过重大贡献，推动了人类历史的进程。尤其是作为传统的农业大国，与农业生产相关的天文历法、水利工程，在世界古代科技史上一直居于举足轻重的地位；作为人口大国，中医对世界医药学也作出了突出贡献；传统数学在世界数学史上占有重要地位。

两三千年来涌现出许多杰出的科学家、发明创造家，流传下的科技典籍数量大、内容广，涉及数学、天文学、农学、医学、生物学、化学、物理学等基础学科和冶金、机械、建筑、水利、印刷、纺织等各个技术领域。有人统计，中国古代数学著作约有1000种，中医书多达7600种。

中国传统的科技典籍在流传中多有散佚，但保存下来者多为精品，特征鲜明，总结和记录了中国古代的科技成就和科技发展水平，彰显着中国古代科技的精华和风采。

蒙学典籍

中国古代教育源远流长，其中对少年儿童的教育，历代也较为重视。在教育少年儿童的过程中，产生了一系列蒙学书籍，俗称蒙书。随着蒙书的大量涌现，逐渐形成了一门专门学问——蒙学。

先秦两汉时，就很重视对少年儿童进行识字教育和句读训练。《汉书·艺文志》著录"小学"10家35篇，多是识字课本，保存下来的有管子《弟子职》和史游《急救篇》。魏晋南北朝到隋唐，编撰了一批用于识字教育、封建思想教育、知识教育的蒙书，如《千字文》、《杂字》、《女论语》、《兔园册》、《蒙求》等。唐代时，蒙学初步形成。宋元两代基本上形成了一套完整的蒙学体系，包括蒙学体制、教学内容、教学方法等，产生了大批新的蒙书，如用于识字的《三字经》、《百家姓》等；与程朱理学结合的教材《小学》之类蒙书大批出现，兼顾思想教育；学诗的《千家诗》也顺势出现。明清以来，蒙学发展大致沿用宋元的体系，除增订前代蒙书外，还编撰了一些新的蒙书，如《弟子规》、《增广贤文》、《幼学琼林》、《龙文鞭影》等；清末还出现了一些介绍新知识的蒙书，如《时务蒙求》、《地理韵言》。

中国古代的蒙学典籍在童蒙教育中起到了非常重要的作用。蒙书编排上语句押韵、对偶，又大量采用来自民间的谚语格言，通俗易懂，读来朗朗上口，又便于背诵记忆；内容上既教识字、写诗作文，传授各科知识，也传布伦理道德和为人处世的基本准则，对少年儿童自然观、神道观、伦理观、道德观、价值观、历史观的养成作用巨大，进而影响其成人及整个人生历程。

中国古代的蒙学典籍是中国传统文化典籍的一个重要组成部分，成为传播传统伦理道德和提升基层民众文化素质的一种重要媒介，对于研究中国社会史、文化史、教育史具有重要的利用价值。

第二节 诸子百家

《晏子春秋》——我国最早的故事集

《晏子春秋》旧题晏婴撰，实为战国时人搜集他的言行事迹编辑而成。晏婴（？—前500年），字平仲，夷维（今山东高密）人。晏婴为春秋时期齐国正卿，历仕灵、庄、景三朝，执政50余年，以节俭力行、谦恭下士著称于时。

第四章 诸子典籍

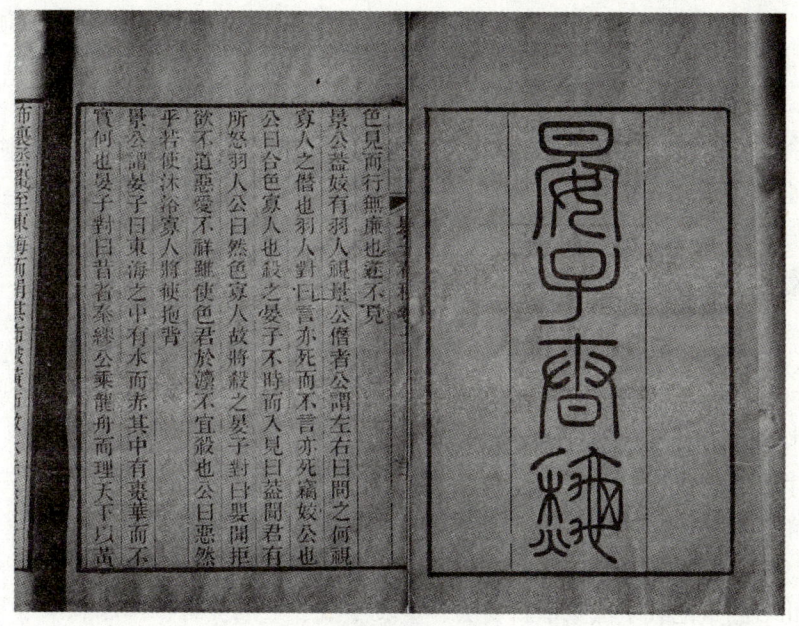

《晏子春秋》书影

　　《晏子春秋》共8卷，包括内篇6卷，外篇2卷，计215章，全部由短篇故事组成，可谓中国最早的故事集。有人把它看作是最早的人物传记，"虽无传记之名，实传记之祖也"，也有人认为它是我国最早的短篇小说集，是我国小说之滥觞。

　　此书详细地记述了齐国灵公、庄公、景公三朝贤相晏婴的生平轶事及各种传说、趣闻，共200多个小故事，相互关联和补充，按内容大致可分为三类：一类是历史故事，见于《左传》等书，但作了不同程度的加工；一类是政治故事，讲述治国安邦之经验，多以晏子与齐景公对话的形式出现；一类是生活故事，写晏子日常言行，其中也包括一些嘲笑诸侯、讽刺奸佞的篇章，这部分占的比例最大。

　　书中成功地塑造了晏子这一栩栩如生的人物形象。他智慧非凡，代君使楚而拒不钻狗洞，表现出机敏的口才和从容的气度；他刚直忠义，崔杼弑君，他不顾威胁，"袒免，坐，枕君尸而哭，兴，三踊而出"，大义凛然，不失其节；他清正廉洁，身居高位，功业显赫，却过着极其清贫的生活，穿"缁布之衣"，吃"脱粟之食"，住"近市，湫隘嚣尘"。该书语言明快简洁，幽默风趣，人物对话富于性格特征，往往弦音内蕴，机锋暗藏，佳譬妙喻，迭见

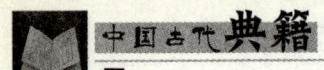

层出，令人回味无穷。《晏子春秋》对后世的传记文学产生了深远的影响，其故事虽不能完全作信史看待，但多数有据可依，是反映春秋后期齐国社会历史风貌的重要史料。

通行本有明代乌程闵氏刻本、《二十二子》孙氏平津馆本。近人吴则虞所编著的《晏子春秋集释》较为详备。

《商君书》——先秦法治理论的宣言

《商君书》是记载商鞅思想言论的资料汇编，又称《商君》、《商子》。商鞅（约前390—前338年），战国中期政治家，法家代表人物。出身卫国贵族，原名卫鞅。少时学刑名之术。秦孝公下令求贤，他应召入秦，见孝公，提出变法主张。前359年，任左庶长，旋升大良造，主持变法。前340年，以功封于商（今陕西商县东南），号为商君。其重要政见经后人整理，成《商君书》29篇，《汉书·艺文志》有著录，今存24篇。

此书侧重记载了法家革新变法、重农重战、重刑少赏、排斥儒术等言论，主要反映了法家的政治思想。

首先是革新变法的思想，这是法家思想的精髓。《更法》篇详细记述了商鞅与甘龙、杜挚在秦孝公面前争论变法的问题。针对秦孝公怕变更法度、改革礼制受天下人非议的想法，商鞅说："行动迟疑就不会有名，做事犹豫就不会成功。法度是爱护人民的，礼制是利于国事的。所以圣人治国，只要能使国家强盛，就不必沿用旧的法度；只要有利于人民，就不必遵守旧的礼制。"

其次是重农重战的思想，重农重战，是法家治国的根本大计，这是法家思想的重要内容。《商君书》中有关重农重战的论述最多。如《农战》说："国之所以兴者，农战也。"《靳令》说："农有余粮，使民以粟出官爵，官爵必以其力，是农不怠。"朝廷让人民拿剩余的粮食捐取官爵，农民就会卖力耕作。《算地》说："故圣人之为国也，入令民以属农，出令民以计战……胜敌而革不荒，富强之功，可坐而致也。"国家富强的功效就在农战两项。

其三是重刑少赏的思想。加重刑罚，轻微奖赏（有时也说厚赏），也是法家的重要思想。

其四是重本抑末，反对儒术。"本"是指农战，"末"是指商业和手工业。法家对儒家的儒术是排斥的。

《商君书》文字虽然不多，但内容庞杂，其中涉及经济、政治、军事、法治等等诸多重大问题,可谓洋洋大观。

知识链接

《鬼谷子》——纵横家的鼻祖

《鬼谷子》,旧传鬼谷子著,实为后学者根据其言论整理而成,成书于先秦时代,3卷,上中两卷14篇,其中两篇有目无篇,下卷收有《本经阴符七术》。

鬼谷子,本名王诩,又名王禅,是历史上极富神秘色彩的传奇人物。战国时楚人,号鬼谷先生,为纵横家的鼻祖,专门研究言谈之道和养生之术。《隋书·经籍志》始列为纵横家,后世兵家以为兵书。该书内容十分丰富,涉及政治、军事、外交等领域,大抵崇尚黄老而侧重"心术",以阴阳论为基础,为纵横家提供了理论依据,也含有辩证法思想。

该书的前14篇,专论"纵横之术",类似于我们现在的演讲技巧、社交方式之类。据说,张仪、苏秦两位战国"名嘴"就是鬼谷子的学生,师傅的水平可见一斑。时至今日,《鬼谷子》在国内外仍有着广泛的影响。

晋皇甫谧注本为3卷,今本为南朝梁陶弘景注,还有《四库备要》本。

《曾子》——齐家、治国、平天下

春秋曾参撰。曾参(前505—前432年),字子舆,春秋时鲁国南武城(今山东费县)人,孔子晚年弟子,以孝著称。司马迁说《孝经》即他得孔子传授而作,程颐、朱熹则说《大学》由他传授,但都有争议。保存在《大戴礼记》中的《曾子》10篇,当属汉人所传曾参学派的遗说,但同样不能断定是否曾参本人传授的记录。

《曾子》一书初见于《汉书·艺文志》,原有18篇,但以后所传为2卷,仅10篇。宋晁公武、陈振孙都指出10篇均已见于《大戴礼记》，陈振孙疑为后人从中录出别行，晁公武则据《曾子·大孝篇》中有乐正子春事，疑为其门人所撰。《四库全书总目》子部儒家类存目列有明曾承业《曾子全书》3卷，提要谓宋人汪晫所辑《曾子》1卷，分12篇，已非唐宋旧本，而曾承业所编3卷，篇目又较《大戴礼记》多出《主言》一篇，疑其以意所增。清中叶阮元据《大戴礼记》10篇，进行考释，撰成《曾子注释》，在近代称作善本。

在内容上，《曾子》抓住了儒学的中心内容，对早期儒家中关于政治伦理的内容加以深化，适应了封建宗法社会的需要，作了系统论证。《曾子》从个人道德修养为出发点，以齐家、治国、平天下为旨归，全面继承了孔子的政治伦理思想，对儒家学说的发展做出了很大的贡献。

《墨子》——古代劳动人民的哲学

《墨子》是先秦时期墨家学派的著作总集，一般认为是由墨子的弟子及其后学在不同时期记述编纂而成。《汉书·艺文志》著录71篇，现仅存15卷，53篇。

墨子（公元前468—公元前376年），名翟。相传早年受孔子的儒家教育，后弃儒学而开创与儒学相对独立的墨家学派，这是一个组织严密的学派性政治团体，其宗旨是推行墨子的主张。

《墨子》一书思想非常丰富，其中政治思想、伦理思想、哲学思想、逻辑思想和军事思想都比较突出，尤其是它的逻辑思想，是先秦逻辑思想史的奠基之作。墨家的政治主张，都是以解救时弊为目的，倡导兼爱、非攻、尚贤、尚同、宣扬天志、明鬼。针对当时流行的命定论，墨家又主张"非命"。在伦理思想上，墨家的根本观念是"义"，"义"的观念来源于"天"，以此为基础建立了义利统一的道德观。《墨子》确立了"三表法"作为立论说理的准则，在中国哲学史和逻辑史上占有重要地位，其体裁虽保留了对话的形式，但基本上已具论说文的雏形。

该书较好的注本有清毕沅《墨子注》、孙诒让《墨子闲诂》、近人吴毓江《墨子校注》。中华书局2001年4月新编诸子集成《墨子闲诂》较为通行。

《荀子》——朴素的唯物主义巨作

《荀子》是战国末年著名唯物主义思想家荀况的著作,是我们研究荀况思想和荀子学派的主要参考资料。

荀子(约前313—前238年),名况,战国后期赵国人,时人尊称为荀卿,汉时称为孙卿。50岁时,始游学于齐国,曾在齐国首都临淄(今山东淄博市)的稷下学宫任祭酒。因遭谗而适楚国,任兰陵令(今山东苍山县)。以后失官家居,著书立说,死后葬于兰陵。著名的学者韩非、李斯均是他的学生。

荀子是一位儒学大师,在吸收法家学说的同时发展了儒家思想。他尊王道,也称霸力;崇礼义,又讲法治;在"法先王"的同时,又主张"法后王"。孟子创"性善"论,强调养性;荀子主"性恶"论,强调后天的学习。这

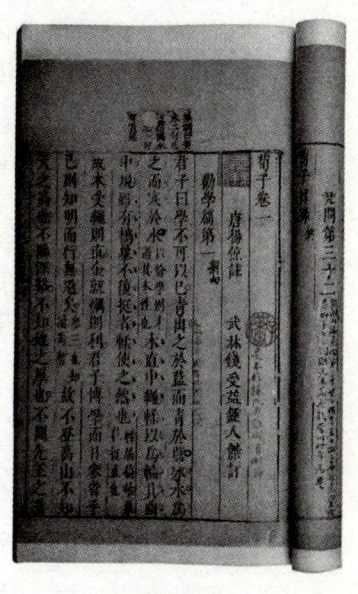

《荀子》书影

些都说明他与嫡传的儒学有所不同。他还提出了人定胜天,反对宿命论,万物都循着自然规律运行变化等朴素唯物主义观点。

《荀子》一书今存32篇,除少数篇章外,大部分是他自己所写。他的文章擅长说理,组织严密,分析透辟,善于取譬,常用排比句增强议论的气势,语言富赡警炼,有很强的说服力和感染力。

该书注本有唐杨倞的《荀子》、清本王先谦《荀子集解》、近代梁启超的《荀子柬释》。通行本有1988年中华书局出版的《荀子集解》。

《韩非子》——法家理论集大成之作

《韩非子》,战国时法家代表著作,20卷,55篇,《汉书·艺文志》著录55篇,与今本同。作者韩非(约公元前280—公元前233年),战国时期韩国人,为韩国公子,与李斯同学于荀子,喜好刑名法术之学。中国古代著名的哲学家、思想家、政论家和散文家,法家思想的集大成者,后世称"韩子"

或"韩非子"。

全书由55篇独立成文的论文集辑而成,大都出自韩非之手,除个别文章外,篇名均表示该文主旨。主要阐述了韩非以君主专制为基础的法、术、势结合的法治理论,以及他进化论的历史观和讲求实际的哲学观,反映了战国时期经济、政治、思想、文化各方面的重要情况,其中《解老》、《喻老》是中国最早注释和解说《老子》的著作。该书善用寓言,在系统整理之后又分门别类编辑为各种寓言故事集,《内外储说》、《说林》、《喻老》、《十过》等篇即是。

《韩非子》是先秦诸子卷帙最为浩繁者之一,口不能言,笔下汹涌,其语言简洁,鞭辟入里,又不乏生动活泼之态。《韩非子》也是间接补遗史书对中国先秦时期史料不足的参考来源之一,著作中许多当代民间传说和寓言故事也成为成语典故的出处。

该书注本中,较好的有清王先慎的《韩非子集解》以及今人陈奇猷的《韩非子集释》。

《列子》——睿智与哲理并存的道教经典

《列子》又名《冲虚经》,是道家重要典籍。战国列子撰。

列子,生卒不详,名御寇,战国时期郑国人。主张虚静无为,独立处世,善于修身养性。《庄子》中有很多关于他的传说,西汉刘向《列子传》谓"其学本于黄帝老子",属道家学派。

《列子》一书,《汉书·艺文志》始有著录。据《汉书》记载,刘向把《列子》压缩删节成为8篇,此后,《列子》便销声匿迹了,直到东晋,才有张湛为它作注。

《列子》一书内容庞杂,良莠并存,瑕瑜互见。书中记载了许多民间故事、寓言和神话传说,如"愚公移山"、"歧路亡羊"、"杞人忧天"、"纪昌学射"、"鲍氏之子"等,形象鲜明,寓义深刻,把"道"融汇于故事之中,入乎其内,出乎其外。

《列子》认为万物生于无形,变化不居,人要掌握并利用自然规律,是魏晋哲学发展中的一个重要环节。该书不仅具有较高理论思维水平,也有着较高的文学价值,在古代文学史上也有一定的地位。唐朝诏告《列子》为《冲虚真经》,北宋加封为"至德",列为道教的重要经典之一。

今以中华书局新编诸子集成1979年10月版《列子集释》较为通行。

《公孙龙子》——辩名析物的言论派

《公孙龙子》，又名《守白论》，3卷，战国后期名家公孙龙的著作。《汉书·艺文志》著录14篇，列为名家，现存6篇。公孙龙，字子秉，战国时期赵国人，他的哲学理论以"白马非马"论著称，常常与孔子后人孔穿及邹衍等人辩论，本书是针对社会上名不符实的现象所作。

《公孙龙子》首篇《迹府》是后人编辑的有关公孙龙的简介，其余5篇是公孙龙的作品。其中《白马论》所提出的"白马非马"的命题，以及《坚白论》所提出的"离坚白"的命题，是公孙龙名辩思想的中心。该书着重探讨了概念的内涵和外延以及事物的共性和个性、存在和思维的关系，构成了一个完整的学说体系。

《公孙龙子》的注释本，有宋朝人谢希深的注本及清朝陈澧的《公孙龙子注》，近代陈柱的《公孙龙子集解》、王启湘的《公孙龙子校诠》也可以参考。

知识链接

名家

名家是先秦以思维的形式、规律和名实关系为研究对象的学派，战国时称"刑名家"或"辩者"，西汉始称"名家"。名家主要活跃在先秦的春秋战国时期，以善于辩论、善于语言分析而著称于世。作为一个思想流派而言的"名家"，它的思想与现代的汉语所说的"名家"是不同的。这个"名"不是有名的名、出名的意思，而主要是指事物的名称、概念。由于种种原因，名家这个学派后来几乎没有了继承人，一般人在谈到先秦诸子的时候，甚至还有可能忽略它。名家的代表人物有邓析子、尹文子、惠子、公孙龙等。

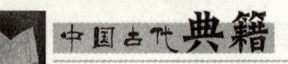

《吕氏春秋》——先秦思想文化的总结

《吕氏春秋》又称《吕览》，战国吕不韦及其门客编撰。吕不韦召集门下三千宾客，"兼儒墨，合名法"，编纂而成，有8览、6论、12纪，共160篇，《汉书·艺文志》将其归入"杂家"。

吕不韦，生卒不详，战国后期卫国人。本是阳翟富商，在邯郸经商时，受到秦公子楚的赏识，后被奉为丞相，弃商从政。秦始皇执政后，被免职，迁往蜀郡，忧惧自杀。

该书兼收并蓄，细大不捐，是先秦思想文化之总结，以儒家为主流，以道家基础，取老子顺应客观的思想，舍其消极避世的成分，旁采名、法、墨、兵、农、阴阳诸家之长，初步形成了包括政治、经济、哲学、道德、军事等各方面内容的理论体系，同时保存了医学、音乐、天文历法及农业等多方面的宝贵资料。文章明朗犀利，故事、比喻、议论有机结合。

《吕氏春秋》书影

最早为《吕氏春秋》作注的是东汉的高诱，今人许维通《吕氏春秋集释》、陈奇猷《吕氏春秋校释》是比较完备的注本。

《淮南子》——古代先汉学术史

《淮南子》又名《淮南鸿烈》、《刘安子》，是我国西汉时期创作的一部论文集。主编者刘安（前179—前122年），汉高祖刘邦之孙，淮南厉王刘长之子，汉文帝十六年袭父爵为淮南王。善属文辞，才思敏捷。吴楚七国反，曾谋响应，不果。汉武帝即位，安暗整武备，欲反，未发而败，自杀。牵连而死者数万人。

《淮南子》又名《淮南鸿烈》、《刘安子》。《汉书·艺文志》列为杂家，载内21篇，外33篇，今只流传内21篇。全书博奥深宏，融道家、阴阳家、墨家、法家、儒家思想于一炉，是汉代学者对汉以前古代文化一次最大规模的汇集。但其主流则偏向于道家，东汉高诱说"其旨近老子，淡泊无为，蹈虚守静，出入经道"。通篇亦以"道"为主题，既讲自然之道，也讲治世之道，提出了"漠然无为而无不为"，"漠然无治而无不治"的政治理想。在最后一篇《要略》中，概括全书以阐明宗旨，"言道"与"言事"，即掌握自然界的规律与考究社会历史变化规律。此外，还综述了各家思想及其产生的历史背景和思想渊源，具有很高的价值。该书在继承先秦道家思想的基础上，综合了诸子百家学说中的精华部分，对后世研究秦汉时期文化起到了不可替代的作用。

《淮南子》因属集体创作，采百家之长，故此内容庞杂，近乎一部"先汉学术史"，但并非凭虚蹈空，而是处处紧扣现实，并多用历史、神话、传说、故事来说理，文风新异瑰奇，繁富有序。刘熙载说："《淮南子》连类喻义，本诸《易》与《庄子》，而奇伟宏富，又能自用其才，虽使与先秦诸子同时，亦足成一家之作。"

此书版本甚多，现存《道藏》本28卷，但与21卷本内容基本相同，仅分卷不同。东汉有高诱注本和许慎注本；清人有多种校本，以庄逵吉校本较为精善；近人刘文典集诸家之精华，作《淮南鸿烈集解》，贡献颇巨；何宁《淮南子集释》亦是较通行的本子。

《神灭论》——无神论宣言

作者范缜（约450—约510年），字子真，南乡舞阴（今河南泌阳北）人。南朝齐梁间思想家，著名的唯物主义思想家、杰出的无神论者。范缜出身寒微，秉性耿直。少勤学，后与萧衍、沈约、谢朓同为萧子良"西邸"文士，曾任宜都太守、晋安太守、尚书左丞等职。他发展了汉魏以来朴素唯物论观点，与当时盛行的佛学思想进行针锋相对的斗争，发表了著名的《神灭论》。

《神灭论》的基本思想主要体现在"形神相即"、"形质神用"，认为形体和精神是结合在一起，不可分离的，形体是质料，精神是形体的功用。就如同刀刃和锋利一样，没有刀刃，也就没有锋利，没有形体，也就没有精神了。《神灭论》指出佛教流行，伤风败俗，危害政治。应该破除佛教，实行无为政治，可以全生、匡国、霸君。

《神灭论》在我国古代思想发展史上具有划时代的意义。他严厉驳斥"神不灭"的谬说，不仅从理论上揭穿了神学的谎言，而且也谴责了当时封建帝王和世家大族佞佛所造成的社会危机，有着积极的实践意义。他那坚持唯物主义的无神论思想和为捍卫真理勇于战斗的革命精神，千百年来始终闪烁着耀眼的光芒，成为我国人民宝贵的精神财富。

第三节 兵书

《孙子兵法》——现存最早的兵书

《孙子兵法》又称《孙子》、《孙武兵法》，是现存最早的兵书。作者孙武，生卒不详，字长卿，春秋末期齐国人，后从齐国流亡到吴国，辅助吴王经国治军，显名诸侯，被尊为"兵圣"。

《孙子兵法》共13篇，每篇皆以"孙子曰"开头，按专题论说，有中心，有层次，逻辑严谨，语言简练，文风质朴，善用排比铺陈叙说，比喻生动具体，如写军队的行动："其疾如风，其徐如林，侵掠如火，不动如山，难知如阴，动如雷震"（《军争篇》），既贴切又形象，且音韵铿锵，气势不凡，故刘勰称"孙武兵经，辞如珠玉"（《文心雕龙·程器》）。

"兵者，国之大事，死生之地，存亡之道，不可不察也。"《孙子兵法》继承和发展了前人的军事理论，把政治作为决定战争胜败的首要因素，归纳出战争的原理原则，举凡战前之准备，策略之运用，作战之布署，敌

《孙子兵法》竹简复制品

情之研判等，无不详加说明，巨细靡遗，周严完备，具有朴素的唯物辩证思想，二千年多来一直被视为兵家之经典，至今仍具有重大的现实意义。

迄今最早的传世本为银雀山竹书《孙子兵法》，惜为残简，不能窥其全貌。现存最早的刻本为南宋孝宗、光宗年间的《十一家注孙子》本。《孙子兵法》的注本以曹操注最早，此后注家颇多，如清孙星衍校《孙子十家注》、清朱墉《武经七书·汇解》、清夏振翼《武经体注大全会解·孙子》。近人校注本有郭化若《孙子译注》、杨炳安《孙子会笺》。今人新出的有吴九龙主编的《孙子校释》、吴如嵩的《孙子兵法新论》等。

《六韬》 ——兵家权谋的始祖

《六韬》相传是周朝的姜尚所著，但后人普遍怀疑。作者已不可考。现在一般认为此书成于战国时代。全书以太公与文王、武王对话的方式编成，所以又称《太公兵法》。

《六韬》是一部集先秦军事思想之大成的著作，对后代的军事思想有很大的影响，被誉为是兵家权谋的始祖。《六韬》被列为《武经七书》之一，为武学必读之书。

《六韬》分别以文、武、龙、虎、豹、犬为标题，各为一卷，共61篇，近2万字。内容十分广泛，涉及战争观、军队建设、战略战术等有关军事的许多方面，其中又以战略和战术的论述最为精彩，它的权谋家思想也很突出。

《尉缭子》 ——杂家与兵家相结合

作者尉缭，生卒年不详，战国魏国大梁（今河南开封）人。姓失传，名缭。秦王政十年（前237）入秦游说，被任为国尉，因称尉缭。著名的军事理论家。有人说尉缭是鬼谷子的高足，学成后即过着隐士的生活，后应魏惠王的招聘，曾向其陈述兵法。

据《汉书》记载，《尉缭子》分为杂家29篇和兵形势家31篇，今本共24篇。

该书围绕"刑德可以百胜之说"广泛论述用兵取胜之道，强调农战，富国强兵，注重谋略和战前准备。在攻守上讲奇正，重变通，进攻要求先发制人，防守则强调鼓舞士气，守中有攻。在治军上主张"制必先定，赏罚严明",书中所拟的律令保存了中国早期的战斗、内务、纪律等方面法规性内容,对研究中国军制史有重大价值。

《尉缭子》所论广博,颇得用兵之意,对后世有重大影响。另外该书力主重刑、杀戮,反映了法家的治军严酷的思想。

《吴子》——内修文德,外治武备

作者吴起(？—前381年),战国时卫国左氏(今山东处曹县北)人。年轻时,家境富裕,游说诸侯,求官不成,资财耗尽。旅居鲁国,拜孔子弟子曾参为师,学儒家之学,并留心兵法。恰值齐国侵略鲁国,鲁君用吴起为将,大败齐军。被逸见疑,投奔魏国,受到器重,历仕魏文侯、魏武侯两朝。为大将,守西河。与诸侯大战76次,全胜64次,平局12次,使魏国国威大振,开拓疆土千里之广。《吴子》完成于这个时期。后被逸失宠,投奔楚国,楚悼王任命他为相。任职期间,推行法治,楚国因而富强。南平百越,北并陈、蔡,西伐强秦,并抗击赵、魏、韩,俨然有统一中华之势。楚悼王死,宗族大臣作乱,吴起被乱箭射杀。太子继位,为肃王,诛灭杀害吴起的宗族七十余家。

《吴子》又名《吴起兵法》,是吴起军事思想的主要载体,分上、下两卷。上卷有《图国》、《料敌》、《治兵》三篇,下卷有《论将》、《应变》、《励士》三篇,总共六篇,系统地阐述了战略战术的主要问题。吴起主张"内修文德,外治武备",把政治和军事紧密结合起来。由于吴起军事实践丰富,军事才能杰出,所以书中讨论的问题,见解高明,切合实际。又由于吴起授业于曾参,所以书中主导思想偏向儒家。《吴子》一书虽仅5000字左右,但内容十分丰富,是继《孙子》以后又一部体系完备、思想精深、具有重大理论价值的兵学论著,在中国古代兵学史上占有极其重要的地位。后世将"孙吴"并称,宋代将《吴子》列入《武经七书》,无疑是公允的。

《吴子》现存最早的版本是宋代的《武经七书》本。后世版本,如明吴勉学刊《二十子》本、明翁氏刊《武学经传三种》本、清孙星衍《平津馆丛书》本、清《四库全书》本等,均源于宋本《武经七书》。

《司马法》——闳廓深远，论述广泛

《司马法》是我国古代一部著名的兵书。相传是姜子牙所写，但到了战国时已经散失。司马穰苴，春秋末期齐国人。原来姓田，名穰苴，曾领兵战胜晋、燕，被齐景公封为掌管军事的大司马，后人尊称为司马穰苴。根据《史记·司马穰苴列传》记载："齐威王使大夫追论古者司马兵法，而附穰苴于其中，因号曰《司马穰苴兵法》。"

《司马法》最早见于《汉书·艺文志》的礼类，称《军礼司马法》，共计155篇。汉朝以后，在长期流传过程中，该书多有散佚，至唐代编《隋书·经籍志》时录为3卷5篇，列入子部兵家类，称为《司马法》，即今本的原型，为《仁本》、《天子之义》、《定爵》、《严位》、《用众》，另有逸文60余条，1600多字。《司马法》论述的范围极为广泛，基本涉及了军事的各个方面，保存了古代用兵与治兵的原则，包括夏商周三代的出师礼仪、兵器、徽章、赏罚、警戒等方面的重要史料。此外，还有很丰富的哲理思想，很重视战争中精神、物质力量之间的转化和轻与重辩证关系的统一，对于人的因素、士气的作用非常重视。

此书受到历代兵家及统治者的高度重视。汉武帝曾"置尚武之官，以《司马法》选任，秩比博士"。司马迁称该书："闳廓深远，虽三代征伐，未能究其义，如其文也。"北宋元丰年间，《司马法》被列为《武经七书》之一，作为考试武臣、选拔将领、钻研军事的必读之书。

《司马法》现存版本很多，比较重要的有：《平津馆丛书》所收影宋本《孙吴司马法》中的《司马法》、1935年中华学艺社影宋刻《武经七书》中的《司马法》等。此外，清代人所辑的《司马法逸文》也有参考价值。今据宋刻《武经七书》本整理，并据丁氏八千卷楼藏刘寅《武经七书直解》影印本作了个别校改。

《黄石公三略》——揉合儒、道、法、墨诸家思想的战略兵书

《黄石公三略》又称《三略》。此书的作者，过去很多人认为是黄石公。但后来学者考证认为此书的作者可能是西汉末年一位精通兵法、熟悉张良事

迹、拥护汉宗室的隐士。称之为《黄石公三略》，不过是伪托而已。

《黄石公三略》广泛吸收了道、法、兵诸家思想的特点，分为上略、中略、下略3卷，全书3800余字。作为一部兵书，它的内容主要侧重于阐发它独特的军事思想。《三略》不像《孙子》等兵书那样直接论述军事问题，而是侧重从政治策略上阐明治国治军之道。它吸收儒、道、法、墨诸家思想，揉合为一部专论战略的兵书。问世后，受到历代兵家的高度评价，被收入《武经七书》之中。

《黄石公三略》现存版本中，以宋刻《武经七书》中的《黄石公三略》最佳。

《三十六计》——数中有术，术中有数

《三十六计》是根据我国古代卓越的军事思想和丰富的斗争经验总结而成的兵书，是中华民族悠久文化遗产之一。"三十六计"一语，先于著书之年，语源可考自南朝宋将檀道济（？—436年），据《南齐书·王敬则传》："檀公三十六策，走为上计，汝父子唯应走耳。"意为败局已定，无可挽回，唯有退却，方是上策。此语后人竞相沿用，宋代惠洪《冷斋夜话》："三十六计，走为上计。"及明末清初，引用此语的人更多。于是有心人采集群书，编撰成《三十六计》，但此书为何时何人所撰已难确考。

原书按计名排列，共分六套，即胜战计、敌战计、攻战计、混战计、并战计、败战计。前三套是处于优势所用之计，后三套是处于劣势所用之计。每套各包含六计，总共三十六计。其中每计名称后的解说，均系依据《易经》中的阴阳变化之理及古代兵家刚柔、奇正、攻防、彼己、虚实、主客等对立关系相互转化的思想推演而成，含有朴素的军事辩证法的因素。解说后的按语，多引证宋代以前的战例和孙武、吴起、尉缭子等兵家的精辟语句。全书还有总说和跋。

《三十六计》是一本在近代才流行于世的分类论述中国古代军事谋略的兵书。该书在论述军事谋略的类型、军事谋略的哲学底蕴等方面，发展、深化了《孙子兵法》中的一些思想。特别是在如何进行军事欺骗以及怎样防止军事欺骗方面，该书进行了深入的研讨和阐发，其内容即使在现代高技术战争条件下仍有着重要的借鉴价值。

《唐太宗李卫公问对》——问答体语录兵法

《唐太宗李卫公问对》，又称《李卫公问对》，简称《唐李问对》，相传是唐代名将李靖所著。由于新、旧《唐书》都没有著录此书，故有人怀疑它是伪作，但据其内容推测，虽不一定是李靖手笔，但必是深通兵法并熟悉唐太宗、李靖思想的隐士根据唐、李的言论编成的。

此书分上、中、下三卷，上卷论述奇正，中卷讨论各种阵式的教战之法，下卷论述指挥作战的原则。它继承发展了春秋战国以来的军事思想，并提出了一些新的理论，是唐宋兵书中富有创见性的一部优秀作品。故自问世以来，倍受历代兵家重视，与《孙子》、《吴子》等早期兵学经典一起被收入《武经七书》中。

《纪效新书》——古代军事训练学专著

《纪效新书》是一部以军事训练为主的兵书。明戚继光撰。

戚继光在东南沿海抗倭二十余年，为国家立下了赫赫战功，他所创建的"戚家军"亦以英勇善战名闻天下。

《纪效新书》就是戚继光在抗倭期间练兵和治军经验的总结，大约成书于明嘉靖二十九（1550年）年。书中详细记载了戚继光的练兵理论和具体练兵方法，其语言通俗，图文并茂，便于军人诵读。《纪效新书》的问世，对我国后来的军事理论和实践都产生了深远的影响。

《纪效新书》现存版本有18卷本和14卷本两个系统。18卷本有多种明、清时的单刻本及《学津讨源》等丛书本。14卷本系戚继光晚年校订本，主要有明万历十六年李承勋刻本、明万历二十一年福建布政使刻本等。

戚继光

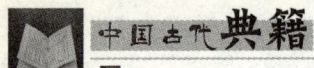

知识链接

戚继光档案

戚继光（1528—1587年），字元敬，号南塘，晚号孟诸，山东蓬莱人，是明代卓越的军事家、军事理论家、军事改革家和抗倭名将。他出身将门，世袭登州卫指挥佥事。嘉靖三十四年（1555年）调浙江，任参将，抵御倭寇。"继光至浙时，见卫所军不习战，而金华、义乌俗称剽悍，请召募三千人，教以击刺法，长短兵迭用，由是继光一军特精。又以南方多薮泽，不利驰逐，乃因地形制阵法，审步伐便利，一切战舰、火器、兵械精求而更置之。'戚家军'名闻天下"（《明史·戚继光传》），成为抗倭的主力。嘉靖四十年（1561年）在台州获大胜，"先后九战皆捷，俘馘一千有奇，焚溺死者无算"（《明史·戚继光传》）。次年援福建，捣毁倭寇在横屿（宁德城外海中）的老巢。嘉靖四十二年（1563年）再援福建，合攻倭寇于平海，继光先登，获头功，进署都督佥事，接着进都督同知，世荫千户，遂代俞大猷为总兵官。后与俞大猷剿平广东倭寇，解除了东南倭患。他为将号令严，赏罚信，士无敢不用命；作战则飙发电举，屡摧大寇。隆庆元年（1567年被张居正调到北方，镇守蓟州，加强战备，在镇十六年。张居正死后半年，戚继光被排挤至广州，逾年即谢病，后罢归。三年后被夺俸，遂卒。著有《纪效新书》、《练兵实纪》、《止止堂集》。

第四节 佛教典籍

《四十二章经》——我国最早翻译的佛教经典

《四十二章经》一卷。东汉迦叶摩腾、竺法兰译。

据《高僧传》卷一载,迦叶摩腾,中天竺人,解大小乘经。竺法兰,中天竺人,讽诵经典数万章,为天竺学者之师。东汉明帝夜梦金人,派蔡愔等人到西域求法,于是迎请迦叶摩腾与竺法兰到中国。二人居于中国第一座佛寺白马寺,同译中国佛教史上第一部经典《四十二章经》。全经共计四十二章,故称《四十二章经》。

全经内容简短扼要,最长者仅百余字,最短者二十余字。经中对早期佛教的基本教义只作简要说明,重点在阐述沙门之证果、善恶诸业、心证、远离诸欲、人命无常等教义,并明示出家学道之要。其说理方式,平易简明,是佛教的入门之书。

《肇论》——佛教哲学名著

东晋僧肇著。僧肇(384—414年),本姓张,东晋京兆长安(今陕西西安市)人,以佣书为业,善《老》、《庄》,后读《维摩经》,认为佛理更深,遂出家。20岁远至姑臧从鸠摩罗什受学,后又在长安参加罗什的译场,被誉为"东土解空第一"。他生前写的几篇重要文章,梁、陈之间,被编辑成书,取名《肇论》。

《肇论》是佛教哲学名著,共1卷,计5篇:《宗本义》、《物不迁论》、《不真空论》、《般若无知论》、《涅槃无名论》。《宗本义》是一篇叙述性质的文章，概括了全书的大意。《物不迁论》发挥般若性空思想，从时间和空间角度，论证世界万物看似变化，实际上并没有真正发生变化，变化着的事物只是一个假相，"若动而静，似去而留"。《不真空论》则从正面阐述了般若性空的思想学说，认为世界万物是由因缘合和而成，所以虽无而有，虽有而无，非有非无，称之为"空"。《般若无知论》着重论述佛教的般若智慧无知无相，却又无所不知，洞照万物。《涅槃无名论》重点论述佛教的最高精神境界"涅槃"的无生无灭，绝言忘相，有九折十演，假托"无名"和"有名"互相对话，一问一答，构成全论。僧肇在《肇论》中以非有非无，即有即无，有无双遣的般若中道观，完整地阐述和发挥了大乘佛教般若性空的思想，把魏晋以来般若学的发展推向了一个新的高峰。至此，魏晋时盛行的佛教般若学完成了它自身的发展过程。自晋宋以后，涅槃佛性思想兴起，取代了般若学，成为佛教义学讨论中的中心问题。此书有北京佛经流通处刻本。

知识链接

《大藏经》

佛教经典主要包括经、律、论三大部分，又称为"三藏"。"经"是释迦牟尼宣讲的教义，"律"是释迦牟尼为弟子所订的日常行为规范，"论"是由佛弟子们阐述理论的著作。《大藏经》在古代称为"一切经"，是将印度、西域传译到中土的大小乘经、律、论及中华撰述的各类佛经章疏、各类佛教论著、各类佛教史籍汇编而成的大型丛书。

《金刚经》——中国禅宗南宗的立宗典据

《金刚经》是中国禅宗南宗的立宗典据。后秦鸠摩罗什译。

《金刚经》1卷，为印度大乘佛教般若系经典，全称《能断金刚般若波罗蜜经》。般若，梵语，智慧意；波罗蜜，梵语，到彼岸意；以金刚比喻智慧，锐利、顽强、坚固，能断一切烦恼，故名。本经采用对话体形式，宣称一切世间事物空幻不实，实相者则是非相，主张离一切诸相而无所住，即放弃对现世的追求，以般若慧契证空性，从而达到不执着于任何一物而体认般若实相的境地。

唐玄宗为推行三教并重的政策，从三教中各选一典籍，亲自进行注释，儒教选《孝经》，道教选《道德经》，佛教选的即是《金刚经》。有些信徒甚至将《金刚经》作为全部佛法来信仰供奉，可见其重要意义。此经不似《大般若经》太浩瀚，又不似《般若心经》太简略，又能说般若的空慧佛理，所以流传很广。

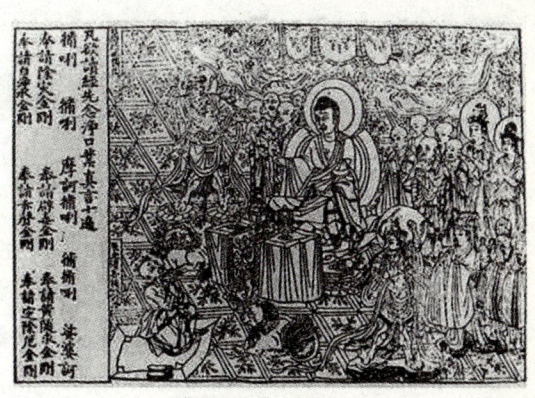

《金刚经》书影

汉文译本中通行的有北魏菩提流支、南朝陈真谛之同名译本；另有隋达摩笈多《金刚能断般若波罗蜜经》，唐玄奘译《能断金刚般若波罗蜜多经》，义净译《能断金刚般若波罗蜜多经》。

《妙法莲华经》——大乘佛教的重要经典

《妙法莲华经》，简称《妙法华经》、《法华经》，托称释迦成佛后现种种化身所说。有三种汉译本，通行本是后秦鸠摩罗什所译。

此经作七卷或八卷，原为二十七品，后增至二十八品。历代注疏甚多，如南朝宋竺道生著《法华经疏》、南朝梁法云《法华经义记》、隋智《妙法莲华经文句》等。

此经是印度大乘佛教的重要经典，也受到中国佛教的推崇，宣扬声闻、缘觉、菩萨"三乘归一"的佛乘，以大乘法融合小乘法，并用各种比喻，宣说一切众生皆能成佛的观点。此经对于研究大乘佛教的兴起、教义有重要的资料价值，又为研究中国佛教天台宗和日本日莲宗的基本文献资料。

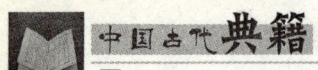

知识链接

鸠摩罗什

鸠摩罗什（344—413 年），音译为鸠摩罗耆婆，又作鸠摩罗什婆，简称罗什。其父名鸠摩罗炎，母名耆婆，属父母名字的合称，汉语的意思为"童寿"。原籍天竺，生于西域龟兹国（今新疆库车县）。东晋时后秦高僧，著名的佛经翻译家。与真谛（499—569 年）、玄奘（602—664 年）并称为中国佛教三大翻译家。率弟子僧肇等八百余人，译出《摩诃般若波罗蜜经》、《妙法莲华经》、《金刚经》、《维摩诘经》、《摩诃般若波罗蜜大明咒经》、《佛说阿弥陀经》等经与《中论》、《大智度论》、《十二门论》、《百论》等论，共 74 部，384 卷。

《六祖坛经》——中国唯一一部本土佛经

《六祖坛经》又称《坛经》、《六祖大师法宝坛经》、《法宝坛经》。六祖者，慧能也。坛经，设坛讲经之谓。慧能，俗姓卢，生卒不详，禅宗第六代祖师，南禅创始人，灭度后被唐宪宗赐号"大鉴禅师"。

《坛经》乃六祖慧能于韶州大梵寺坛上所说之法，由弟子法海集录而成，凡 1 卷，基本以慧能的生平活动为序，述其形迹、说法及与弟子的机锋对答。主旨在宣称人皆自性清净，本有佛性，但用此心，直了成佛的心性观；主张自悟自修、无念无住的修行观；解脱途径力倡顿悟说，是禅宗最主要的思想依据。

根据佛教的传统，只有继续佛之言教的著作才能称"经"，佛弟子及其后代佛徒无论如何伟大，其著作都只能称"论"。唯一一部中国人自造，虽历经坎坷，但最终确定了"经"的地位的，就是这部《坛经》。

此经版本较多，除法海本（又名敦煌写本）外；晚唐或宋初的惠昕本，宋僧人的契嵩本；元僧人德异、宗宝两人删定刊行于世的宗宝本。注释本有近代人丁福保《六祖大师法宝坛经笺注》、郭朋《坛经校释》。

《心经》——色不异空，空不异色

《心经》，又名《般若波罗蜜多心经》、《般若心经》，1卷，系大乘佛教著名经典。"心"即核心、精华之意，一般认为它是《般若经》类的提纲、纲要。"五蕴皆空"，"色不异空，空不异色"，反映了大乘空宗之真实空的基本观点，哲学上属于主观唯心主义范畴。

此经共有七种译本，其中以译者不详的《摩诃般若波罗蜜大明咒经》（今题"后秦鸠摩罗什译"）和唐玄奘译《般若波罗蜜多心经》最有名。

第五节
道教典籍

《老子》——道家学派的奠基之作

《老子》，又名《道德经》，道家学派的经典著作，大多数人认为成书于战国初期。老子，姓李名耳，字聃，春秋时期楚国人，曾做过周朝管理图书的史官，及周室衰，西出函谷，退隐。道教兴起后，封老子为教主，奉为"太上老君"，唐高宗追封"太上玄元皇帝"。今本《老子》全书共五千余言，故又称《老子五千文》。西汉河上公曾作《老子章句》，将《老子》分为81章，称前37章为《道经》，后44章为《德经》，名之为《道德经》。

《老子》以"道"解释宇宙万物的演变，认为"道生一，一生二，二生三，三生万物"，"道"乃"夫莫之命（命令）而常自然"，因而"人法地，地法天，天法道，道法自然"。"道"为客观自然规律，同时又具有"独立不改，周行而不殆"的永恒意义。

中国古代**典籍**
ZHONG GUO GU DAI DIAN JI

圣莲山老子像

《老子》书中包括大量朴素辩证法观点，如以为一切事物均具有正反两面，"反者道之动"，并能由对立而转化，"正复为奇，善复为妖"，"祸兮福之所倚，福兮祸之所伏"。又以为世间事物均为"有"与"无"之统一，"有无相生"，而"无"为基础，"天下万物生于有，有生于无"。

此外，书中也有大量的民本思想，"天之道，损有余而补不足，人之道则不然，损不足以奉有余"、"民之饥，以其上食税之多"、"民之轻死，以其上求生之厚"、"民不畏死，奈何以死惧之？"其学说对中国哲学发展具有深刻影响。

长沙马王堆汉墓帛书《老子》甲、乙本是最古的本子。魏王弼《老子注》最为通行。清魏源《老子本义》掘其意蕴。近人马叙伦《老子校诂》则详于章句训诂。今人张松如有参照马王堆帛书《老子》甲、乙本而作《老子说解》。通行本有中华书局《新编诸子集成》第一辑《老子校释》。

《庄子》——天下大道逍遥游

《庄子》，又称《南华经》，庄周及其后学撰。庄子（约公元前369——前286年），名周，字子休，曾受号南华仙人，战国时期蒙（一说安徽蒙城，一说河南商丘）人。曾做过漆园吏，后厌恶仕途，隐居著述。

《庄子》一书约成书于先秦时期，《汉书·艺文志》著录52篇，今本33篇。其中内篇7篇，外篇15篇，杂篇11篇，全书以内篇为核心，内篇的《齐物论》、《逍遥游》和《大宗师》集中反映了庄子的哲学思想，以"寓

第四章 诸子典籍

言"、"重言"、"卮言"为主要表现形式,继承和发扬了老子的学说,后世并称"老庄"。"外篇"一般认为是庄子的弟子们所写,或者说是庄子与他的弟子一起合作写成的,它反映的是庄子真实的思想。"杂篇"的情形就要复杂些,应当是庄子学派或者后来的学者所写,因为其中的一些篇幅可以肯定不是庄子学派所有的思想,如《盗跖》、《说剑》等。

《庄子》一书,内容丰富、博大精深,它涉及到伦理、哲学、人生、政治、科学、艺术诸多方面,而这些方面又有机地结合成一个完整的系统结构,用庄子的观点说,都是统属于"道"的。也就是说,一部《庄子》不外为了说明一个"道"字。

在先秦诸子散文中,《孟子》与《庄子》最富于文学性,庄子汪洋恣肆、意出尘外的文风,诡谲神秘、奇妙瑰丽的论说,使其成为先秦诸子文章的典范之作。

后人注解《庄子》很多,通行本有晋郭象《庄子注》、清末王先谦《庄子集解》、郭庆藩《庄子集释》等。

知识链接

《道藏经》

魏晋以后,道教典籍逐渐增多,一些著名的道士开始注意对道教典籍的搜集和整理。总括道教典籍的大型丛书世称《道藏经》,或称《道藏》。南北朝时期,各地虽有一些道教经书的结集,但未能形成这种全国性流行的《道藏》。到唐玄宗时,先是下诏命令诸宫观高道和昭文馆、崇文馆学士研究、讨论道经,编写了《一切道经音义》和旧经目录《一切道经目》。在此基础上,玄宗又于开元年间发使搜访道经,饬令群臣校刊编修成藏,收道教典籍3744卷,并依陆修静三洞之法,编目为《三洞琼纲》。天宝七年(748年)诏传写以广流布。这是道教史上第一部《道藏》,因编成于开元年间,后世遂称为《开元道藏》。

《周易参同契》——现存最早的丹经著作

《周易参同契》简称《参同契》，约成书于汉顺帝、桓帝之际，是现存最早的丹经著作，有"万古丹经王"之称。参，三也，即《周易》、黄老、炉火三事；同，通也；契，合也，表明此书以"三事"言炼丹之事。汉魏伯阳撰。

魏伯阳，生卒不详，性好道术，不乐仕进，遂往罗浮山修道，著《参同契》后，服丹而去。

全书分上中下三篇，并附有《五相类》和《鼎器歌》两篇，约六千余字，基本上为四字、五字一句的韵文及少数长短不一的散文体和离骚体。作者在总结前人外丹术和内养术的基础上，结合自身的体验，进行了理论概括，将大易阴阳交合之道、黄老自然养性之道和炉火铅汞炼丹之道合而为一。既肯定外丹术，又肯定内养术，内外兼修，乃臻化境。

现存《参同契》的版本，以明洪武十三年张本真刻俞琰《周易参同契发挥》为最早。注本中蜀彭晓撰《周易参同契分章通其义》为最早，又有宋朱熹撰《周易参同契考异》，清《四库全书》还收明蒋一彪《古文参同契集解》等。

《抱朴子》——古代道家修炼心法

晋葛洪撰。葛洪（284—364年），字稚川，自号抱朴子，丹阳句容（今属江苏）人，葛玄从孙。东晋道教理论家、医学家、炼丹术家。少好神仙导养之法，从葛玄的弟子郑隐受炼丹术。司马睿为丞相，用为掾，且任谘议、参军等职。因镇压石冰领导的农民起义有功，赐爵关内侯。闻交趾出丹砂，求为勾漏令。携子侄至广州，止于罗浮山炼丹，在山积年而卒。著有《抱朴子》、《金匮药方》、《神仙传》。

《抱朴子》于东晋建武元年（317年）成书，分《内篇》和《外篇》。《外篇》著述在先，《内篇》著述在后。今存《外篇》50卷，《内篇》20

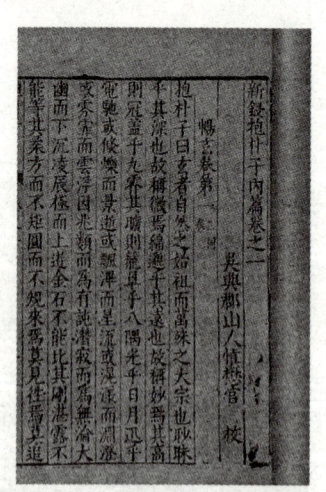

《抱朴子》书影

卷。《外篇》言人间得失，世事臧否，以复兴儒教为宗旨，积极救世，基本上属于儒家学说。《内篇》强调"道"是天地万物的总根源，寻求长生不死，提倡神仙道教，并载有炼制金丹的方法和实验结果，具有一定的科学价值。

《抱朴子》现存有宋绍兴二十二年（1152年）临安刊本、明正统《道藏》刊本、敦煌石窟写本残卷等，以清孙星衍《平津馆丛书》本较为通行。明清以来学者在文字上有不少校勘，但注释则缺。近有王明集前人所校并加注释编成的《抱朴子内篇校释》出版。

知识链接

《道教义枢》

唐孟安排撰。孟安排其人生平不详。

《道教义枢》，书凡10卷，缺卷六，依道教义理立为三十七目，实存三十二目。

此书是系统阐述六朝至唐初道教义理的重要著作。据其序，此书盖在《玄门大义》的基础上芟夷繁冗，又广引众经而成。所立三十七项义类品目，是此前道教义理的基本内容，如道德、理教、自然、三一等。每目下分"义"与"释"予以解说，"义"为一目纲要，标其大旨，"释"则论议解析，多引据道经及六朝义学道士之说，并作剖析辨正，是研究此期道教思想的重要资料。

第六节
科技典籍

《黄帝内经》——中国现存最早的中医理论专著

《黄帝内经》是中国传统医学经典著作，也是第一部冠以中华民族先祖"黄帝"之名的传世巨著，是我国医学宝库中现存成书最早的一部医学典籍。原为18卷。医圣张仲景"撰用素问、九卷、八十一难……为伤寒杂病论"。晋皇甫谧撰《针灸甲乙经》时，称"今有针经九卷、素问九卷，二九十八卷，即内经也"。《九卷》在唐王冰时称之为《灵枢》。至宋，史嵩献家藏《灵枢经》并予刊行。由此可知，《九卷》、《针经》、《灵枢》实则一书而多名。宋之后，《素问》、《灵枢》始成为《黄帝内经》组成的两大部分。

黄帝内经成编于战国时期，是中国现存最早的中医理论专著。该书总结了春秋至战国时期的医疗经验和学术理论，并吸收了秦汉以前有关天文学、历算学、生物学、地理学、人类学、心理学，运用阴阳、五行、天人合一的理论，对人体的解剖、生理、病理以及疾病的诊断、治疗与预防，做了比较全面的阐述，确立了中医学独特的理论体系，成为中国医药学发展的理论基础和源泉。

《黄帝内经》是研究人的生理学、病理学、诊断学、治疗原则和药物学的医学巨著。在理论上建立了中医学上的"阴阳五行学说"、"脉象学说"、"藏象学说"、"经络学说"、"病因学说""病机学说"、"病症"、"诊法"、"论治"及"养生学"、"运气学"

《黄帝内经》书影

等学说。其医学理论是建立在我国古代道家理论的基础之上的,反映了我国古代天人合一思想。

《星经》——世界上最早的天文学著作

《星经》全称《甘石星经》,是世界上最早的天文学著作。在长期观测天象的基础上,战国时期楚人甘德(今属湖北)、魏人石申(今属河南开封)各写出一部天文学著作。甘德的著作名为《天文星占》,石申的著作名为《天文》,都是8卷。汉朝时,这两部著作还是各自刊行的。后人把这两部著作合并,并定名为《甘石星经》。

甘石星表(部分)

甘德和石申都是取得了卓越成就的天文学家。他们当时曾系统地观察了金、木、水、火、土五大行星的运行,初步掌握了这些行星的运行规律,记录了800个恒星的名字,其中测定了121颗恒星的方位,发现了金、木、水、火、土五大行星的运动规律。《甘石星经》是世界上最早的恒星表,比希腊天文学家伊巴谷在公元前2世纪测编的欧洲第一个恒星表还早约200年。《甘石星经》在宋代就失传了,在唐代的《开元占经》中还保存一些片断,南宋晁公武的《郡斋读书志》的书目中保存了它的梗概。

《甘石星经》在我国和世界天文学史上都占有重要地位。

《考工记》——我国最早的手工业技术文献

《考工记》是中国目前所见年代最早的手工业技术文献。这部著作记述了齐国官营手工业各个工种的设计规范和制造工艺,书中保留有先秦大量的手工业生产技术、工艺美术资料,记载了一系列的生产管理和营建制度,一定程度上反映了当时的思想观念。该书在中国科技史、工艺美术史和文化史上都占有重要地位,在当时世界上也是独一无二的。

今天所见《考工记》,是作为《周礼》的一部分。《周礼》原名《周官》,由"天官"、"地官"、"春官"、"夏官"、"秋官"、"冬官"6篇组成。西汉时,"冬官"篇佚缺,河间献王刘德便取《考工记》补入。刘歆校书编排时改《周官》为《周礼》，故《考工记》又称《周礼·考工记》，或《周礼·冬官考工记》。

《考工记》篇幅并不长，但科技信息含量却相当大，内容涉及先秦时代的制车、兵器、礼器、钟磬、炼染、建筑、水利等手工业技术，还涉及天文、生物、数学、物理、化学等自然科学知识。因此，历代有关《考工记》的注释和研究层出不穷。其中，成绩卓著的学者，早期有汉代的郑玄，中期有唐代的贾公彦，晚期有清代的戴震、程瑶日、孙诒让等。

《九章算术》——中国古代数学完整体系形成的标志

《九章算术》是中国古代数学专著，是"算经十书"中最重要的一种。该书内容十分丰富，系统总结了战国、秦、汉时期的数学成就。同时，在数学上还有其独到的成就，不仅最早提到分数问题，也首先记录了盈不足等问题，"方程"章还在世界数学史上首次阐述了负数及其加减运算法则。

该书经多次增补，成书时间已不可考。但据估算，最迟在公元一世纪已有了现传本。许多人曾为它作过注释，其中不乏历史上的数学名人，最著名的有刘徽（263年）、李淳风（656年）。

《九章算术》是一本综合性的历史著作，是当时世界上最先进的应用数学。它的出现，标志中国古代数学形成了完整的体系。

知识链接

算经十书

《算经十书》是指汉、唐一千多年间的十部著名的数学著作，他们曾经是隋唐时代国子监算学科的教科书。十部书的名称是：《周髀算经》、《九章算术》、《海岛算经》、《张丘建算经》、《夏侯阳算经》、《五经算术》、《辑古算经》、《缀术》、《五曹算经》、《孙子算经》。

《大明历》——我国历法史上第二次大改革

《大明历》，又叫《甲子元历》，是南北朝时期一部先进的历法。由祖冲之创制。祖冲之（429—500年），字文远，建康（今江苏南京）人，南北朝时期著名数学家、天文学家。

《大明历》成书于刘宋大明六年（462年），祖冲之时年33岁。规定一回归年为365.2428日，是我国赵宋统天历（1199年）以前最理想的一个数据。在制历时首先考虑岁差。所谓"岁差"就是由于地球在运行过程中受到其他天体的吸引作用，地球自转轴的方向发生缓慢而微小的变化。因此，从这一年的冬至到下一年的冬至，从地球上看，太阳并没有回到原来的位置，而是岁岁后移，这也就引起了24节气位置的变动。祖冲之确定每45年11月差1。这个"岁差值"虽很不精确，但引进"岁差"编制历法，使法有了更科学的基础，而且在天文学中"回归年"和"恒星年"两个概念被区分开来。

在《大明历》中，祖冲之又改进闰法，把天文学家何承天提出的旧历中每19年7闰改为每391年144闰，使之更符合天象的实际。祖冲之还首次求出历法中通常称为"交点月"的日数为27.21223日，与近代测得的数据（27.21222）极其相近。所谓"交点月"就是月亮在天体上运行的路线有两个交点（也叫黄白交点），月亮两次经过同一交点的时间叫交月点。

历法完成后祖冲之上表给宋孝武帝刘骏，却遭到宠臣戴法兴之流的压制和反对，祖冲之著《历议》一文予以驳斥。祖冲之死后10年即天监九年（510年）该历法得以施行，达80年之久。

《伤寒论》——一部阐述外感及其杂病治疗规律的专著

《伤寒论》，原著《伤寒杂病论》，在流传的过程中经后人整理编纂，将其中外感热病内容结集为《伤寒论》，另一部分主要论述内科杂病。东汉末年张仲景撰。

张仲景（约150—154年或约215—219年），名机，字仲景，东汉南阳郡涅阳县（今河南南阳邓州市和镇平县一带）人，中国伟大的医学家、世界医史伟人。张仲景的《伤寒杂病论》，是中医史上第一部理、法、方、药具备的经典，被后世尊为"医圣"。

《伤寒论》是一部阐述外感及其杂病治疗规律的专著。张仲景《伤寒论》全书共12卷，22篇，397法。除去重复之外，共有药方112个。全书重点论述人体感受风寒之邪而引起的一系列病理变化及如何进行辨证施治的方法。他把病症分为太阳、阳明、少阳、太阴、厥阴、少阴六种，即所谓"六经"。根据人体抗病力的强弱、病势的进退缓急等方面的因素，将外感疾病演变过程中所表现的各种症候归纳出症候特点、病变部位、损及何脏何腑，以及寒热趋向、邪正盛衰等作为诊断治疗的依据。

张仲景塑像

该书总结了前人的医学成就和丰富的实践经验，集汉代以前医学之大成，并结合自己的临床经验，系统地阐述了多种外感疾病及杂病的辨证论治，理法方药俱全，在中医发展史上具有划时代的意义和承先启后的作用，对我国医学的发展作出了重要贡献。具体地说，他不仅为诊治外感疾病提出了辨证纲领和治疗方法，也为中医临床各科提供了辨证论治的规范，从而奠定了辨证论治的基础，被后世医家奉为经典。

《梦溪笔谈》——中国科学史上的坐标

作者沈括（1031—1095年），字存中，钱塘（今杭州）人，北宋治平元年（1064年）进士，曾任负责天文、历法的提举司天监，负责兵器制造的判军器监，负责全国财政的权三司使，负责边关政务和防务的知延州（今陕西延安）、兼鄜延路经略安抚使，又曾出使辽国，并曾多次巡察地方政务，相度农田水利，后因边事获罪被贬。他博学多才，为一代学问大家。史称："博学善文，于天文、方志、律历、音乐、医药、卜算，无所不通，皆有所论著。"（《宋史》本传）本书乃集其一生学识和见闻之精萃而撰成，因成书于梦溪园，故名《梦溪笔谈》。

《梦溪笔谈》详细记载了劳动人民在科学技术方面的卓越贡献和沈括自己的研究成果，反映了我国古代特别是北宋时期自然科学达到的辉煌成就。《梦溪笔谈》包括《笔谈》、《补笔谈》、《续笔谈》三部分。《笔谈》共36卷，分为17门，依次为故事、辩证、乐律、象数、人事、官政、机智、艺文、书画、技艺、器用、神奇、异事、谬误、讥谑、杂志、药议。《补笔谈》3卷，包括上述内容中11门。《续笔谈》1卷，不分门。全书共609条（不同版本稍有出入），内容涉及天文、历法、气象、地质、地理、物理、化学、生物、农业、水利、建筑、医药、历史、文学、艺术、人事、军事、法律等诸多领域。在这些条目中，属于人文科学例如人类学、考古学、语言学、音乐等方面的，约占全部条目的18%；属于自然科学方面的，约占总数的36%，其余的则为人事资料、军事、法律及杂闻轶事等，约占全书的46%。

就性质而言，《梦溪笔谈》属于笔记类。从内容上说，它以多于1/3的篇幅记述并阐发自然科学知识，这在笔记类著述中是少见的。因为沈括本人具有很高的科学素养，他所记述的科技知识，也就具有极高价值，基本上反映了北宋的科学发展水平和他自己的研究心得，因而被现代人誉为"中国科学史上的坐标"。

《天工开物》——中国17世纪的工艺百科全书

作者宋应星（1587—1666年），字长庚，奉新县宋埠镇牌楼村人。明末清初科学家。在担任江西分宜县教谕（1654—1638）期间，将其长期积累的生产技术等方面知识加以总结整理，编著了《天工开物》一书。《天工开物》初刊于明崇祯十年（1637年），是中国古代一部综合性的科学技术著作，有人也称它是一部百科全书式的著作，外国学者称它为"中国17世纪的工艺百科全书"。

《天工开物》是世界上第一部关于农业和手工业生产的综合性著作。作者在书中强调人类要和自然相协调、人力要与自然力相配合。它对中国古代的各项技术进行了系统地总结，构成了一个完整的科学技术体系。收录了农业、手工业、工业——诸

《天工开物》插图

如机械、砖瓦、陶瓷、硫磺、烛、纸、兵器、火药、纺织、染色、制盐、采煤、榨油等生产技术。尤其是机械，更是有详细的记述。在国外先后被翻译成多种文字。

《天工开物》记载了明朝中叶以前中国古代的各项技术。全书分为上中下三篇18卷。并附有121幅插图，描绘了130多项生产技术和工具的名称、形状、工序。

1644年明亡，宋应星挂冠回乡隐居。由于他的反清思想，《四库全书》没有收入他的《天工开物》，但却在日本、欧洲广泛传播，被译为日、法、英、德、意、俄文，其中关于制墨、制铜、养蚕、用竹造纸、冶锌、农艺加工等等方法，都对西方产生了影响，代表了中国明代的技术水平。

《本草纲目》——我国古代药物学的总结性巨著

《本草纲目》是明朝李时珍为修改古代医书的错误而编。李时珍（1518—1593年），字东璧，时人谓之李东壁，号濒湖，晚年自号濒湖山人，湖北蕲州（今湖北省黄冈市蕲春县蕲州镇）人。中国古代伟大的医学家、药物学家。

李时珍以毕生精力，亲历实践，广收博采，实地考察，对本草学进行了全面的整理总结，历时29年编成《本草纲目》。全书52卷，190多万字，记载了1892种药物（新增374种），分成60类。其中，374种是李时珍新增加的药物。收药1892种，绘图1100多幅，并附有11096多个药方。是集我国16世纪以前药学成就之大成，在训诂、语言文字、历史、地理、植物、动物、矿物、冶金等方面也有突出成就。

它是几千年来我国药物学的总结。这本药典，不论从它严密的科学分类，还是从它包含药物的数目之多和流畅生动的文笔来看，都远远超过古代任何一部本草著作。

《本草纲目》问世后影响极大。明万历十八年（1590年）由金陵（今南京）胡承龙首次刊刻，世称"金陵本"，至今尚存有极少几部，除日、美、德等国有收藏外，我国仅存两部。1603年由夏良心等刊行于江西刻本

《本草纲目》插图

《本草纲目》，世称"江西本"，为仅次于金陵本之善本，现存于世者尚多。此后，重刻《本草纲目》者逐渐增多，如湖北本（1606年）、石渠阁本、立达堂本等，均刻于明末之前。清代刻本以张朝璘本（1657年）、太和堂本（1655）等为最早，其后刻刊者甚多。据现存国内之刻印本统计，截至1949年约有70余版次。

本书17世纪末即对外传播，先后有多种文字的译本，对世界自然科学也有举世公认的卓越贡献。李约瑟博士在评价《本草纲目》时写道："毫无疑问，明代最伟大的科学成就，是李时珍那部在本草书中登峰造极的著作《本草纲目》。""李时珍作为科学家，达到了同伽里略、维萨里的科学活动所能达到的最高水平。""中国博物学家中'无冕之王'李时珍写的《本草纲目》，至今这部伟大著作仍然是研究中国文化史、化学史和其他各门科学史的一个取之不尽的知识源泉。"

第七节 书画评论

《古画品录》——我国最早的画论专著

《古画名录》为中国画品评专著。南朝齐谢赫撰。

谢赫，生卒不详，齐梁时人，著名宫廷派画家。姚蕞说他有惊人的观察力，"写貌人物，不俟对看，所需一览，便工操笔"，赞扬了他作画的高超技巧。

《古画品录》是我国最早的画论专著，成书于梁武帝中大通四年至太清三年间（532—549年）。《古画品录》讲作画应以"六法"为标准，后世奉为典范。六法即指：气韵生动；骨法用笔；应物象形；随类赋彩；经营位置；传移摹写。其中"气韵生动"更是中国千百年来画家和艺评家一直所追求创作

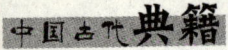

的最高指导原则。《古画品录》的大部分文字是谢赫评论曹不兴及其同时代的27位画家的作品。他把画家分成六品，以气质风度为标准，反映了当时清议人物之风气。《书画书录解题》评《古画品录》时说："论画之书，今存者以是书为最古；而品画之作，亦始于是书，弥足珍重。"

知识链接

《书谱》——书文双绝

作者孙过庭（648—703年），唐代书法家、书学理论家，吴郡富阳（今浙江省富阳县）人，一说陈留（今河南省开封市）人，曾官右卫胄参军。《书谱》正文已佚，仅存序，一名《运笔论》，撰于垂拱三年（687年）。内容论及文字源流、书体，并品评名迹讲述笔法等。文思缜密，言简意赅，在古代书法理论史上占有重要地位。

《书谱》是一篇具有极高艺术价值的书法理论著作，书文双绝，对真、草二体的论述尤精，也是"书法纵逸，多得天趣"的书法精品。全篇3700字的煌煌大论，内容广博宏富，涉及中国书学各个重要方面，且见解精辟独到。朱履贞在《书学捷要》中赞："读孙虔礼《书谱》委曲详尽，切实痛快，为古今第一要义。"在《书谱》中，孙过庭提出了他著名的书法观："古不乖时，今不同弊"，为书法美学理论奠定了基础。《书谱》分上、下卷，下卷已佚。其草书上追"二王"，笔法精娴，结体劲净，墨彩奕奕，干湿浓淡韵爽，古气自然，有魏晋遗风，且通卷妙论作字之旨，内蕴哲理，堪称中国书法史上书论与书艺双绝的合璧之作，为后世学习之范本。

《唱论》——我国最早的声乐理论专著

《唱论》，中国戏曲音乐论著。元代燕南芝庵著。作者真实姓名不可考。

《唱论》是我国最早的一部较为系统、全面的论述声乐理论的专著，乃仿《乐府杂录》之作。全文1800余字，分27条，扼要地论述了唱曲要领。从对声音、唱字的要求到艺术表现，以及十七宫调的基本情调，乐曲的地方特色，审美要求等均有涉及，并有不少精辟之见。对后世戏曲声乐艺术的发展具有深远的影响。由于文字过于简略，多用当时的方言和术语，后人尚难以作出准确的理解。

《唱论》有元至正刊本，明人又作了节录，1959年收入中国戏曲研究院编辑的《中国古典戏曲论著集成》。

《书法雅言》 ——中国明代书法理论著作

作者项穆，万历年间书法理论家，字德纯，号贞元、无称子。书画收藏家、鉴赏家项元汴之子。秀水（今浙江省嘉兴市）人。

《书法雅言》1卷，共17篇，包括：书统、古今、辨体、形质、品格、资学、规矩、常变、正奇、中和、老少、神化、心相、取舍、功序、器用、知识。作者从儒家的观点出发，把书法推到"同流天地，翼卫教经"的地位，认为它可以"发天地之玄微，宣道义之蕴奥，继往圣之绝学，开后觉之良心"，并认为书法是人格的表现，"心之所发"，"运之为字迹"，"人品既殊，性情各异，笔势所运，邪正自形"。关于书法学习，项穆强调内心修养，强调一开始便应注意精神与形式的互相渗透。此外，作者还强调书法的"正统"，把王羲之与孔子并列，排斥苏轼、米芾，认为后世有成就的书法家，都不过是发挥了王羲之的某一方面。

《书目答问》 ——中国古籍推荐书目

作者张之洞（1837—1909年），字孝达，一字香涛。直隶南皮人。历任要职，卒谥文襄公。

《书目答问》是张之洞在同治十三年（1874年）任四川学政时，为指引学生读书门径而编撰的。全书共5卷，收书2200余种。所收图书都经过精心选择，较注重收录清后期的学术著作和科技图书。《书目答问》的选录标准是：经部举学有家法实事求事者，史部举义例雅饬考证详核者，子部举近古及有实用者，集部举最著者。多传本者举善本，未见精本者举通行本，未见近刻者举今日见存明本。按经、史、子、集、丛书5部分类编排，大类之下再设小类，同类书按时代先后排列，著录书名、作者姓名（当世作者只记"今人"）、版本等。版本以当世习见为主。重要图书还撰有按语，指明阅读方法。书后附《别录》和《清朝著述诸家姓名略》。

该书初刻于光绪二年（1874年），曾多次翻刻重印。1931年后，范希曾（1901—1930）作《〈书目答问〉补正》5卷，纠正原书作者、姓名方面的一些错误，补记1874年以后各书补刊的版本，并增收1930年前出版的一些与原书所收录性质相近的图书，约1200余种。该书1959年重印时，内容又有部分修订。

张之洞

《广艺舟双楫》——晚清最重要的书法专著

《广艺舟双楫》，又名《书镜》，作者康有为（1858—1927年），又名祖诒，字广厦，号长素，又号明夷、更甡、西樵山人、游存叟，晚年别署天游化人，广东南海人，人称"康南海"。清光绪年间进士，官授工部主事。出身于士宦家庭，乃广东望族，世代为儒，以理学传家。近代著名政治家、思想家、社会改革家、书法家和学者，他信奉孔子的儒家学说，并致力于将儒家学说改造为可以适应现代社会的国教，曾担任孔教会长。主要著作有《康子篇》、《新学伪经考》（陈千秋、梁启超协助编纂）、《春秋董氏学》、《孔子改制考》、《日本变政考》、《大同书》、《欧洲十一国游记》、《广艺舟双楫》等。

康有为

全书 6 卷 20 章，叙目 1 篇。卷一、卷二是讲书体源流，卷三、卷四是评论碑品，卷五、卷六是讲用笔技巧、书学经验和各种书体的书写要求。全书的涉及面很广，对书法艺术的各个方面几乎都有论述或评价。

《广艺舟双楫》曾整整影响了一代书风。从它问世那年起，就受到国内外各方面人士的关注。据张伯桢所编《万木草堂丛书目录》载，此书在光绪十五年（1889）脱稿后，"光绪辛卯（1891年）刻，凡十八印。戊戌（1898年）八月，庚子（1900年）正月两奉伪旨毁板"。在当时的条件下，7年中印刷达18次，这不能不说是一个相当大的出版数。何况在清政府下令毁版后，《广艺舟双楫》依然流行。仅在康有为生前，日本就以《六朝书道论》为名翻印6版。近世论书，无论赞成与否，对这部书还是相当重视的，可见《广艺舟双楫》在书学上的重要性。

第八节 小说

《穆天子传》——先秦历史神话典籍

《穆天子传》，又名《周王传》、《周王游行记》。先秦的历史神话典籍之一，作者不详。西晋初年，在今河南汲县发现一座战国时期魏国墓葬，出土一大批竹简，均为重要文化典籍，通称"汲冢竹书"，其中有《穆天子传》、《周穆王美人盛姬死事》，后合并为至今流传的《穆天子传》。

《穆天子传》共6卷。前5卷记周穆王驾八骏马西征之事；后1卷记穆王美人盛姬卒于途中而返葬事，别名《盛姬录》。书中主要记载周穆王率领七萃之士，驾上赤骥、盗骊、白义、逾轮、山子、渠黄、骅骝、绿耳等骏马，由造父赶车，伯天作向导，从宗周出发，越过漳水，经由河宗、阳纡之山、群玉山等地，西至于西王母之邦，和西王母宴饮酬酢的神话故事。其中的宗周，经学者研究，认为是指洛邑（今河南洛阳）。穆王的西行路线，当是从洛邑出发，北行越太行山，经由河套，然后折而向西，穿越今甘肃、青海、新疆，到达帕米尔地区（西王母之邦）。

《穆天子传》所提供的材料，除去神话传说和夸张的成分，有助于了解古代各族分布、迁徙的历史和他们之间的友好交往，及先秦时期中西交通径路以及文化交流的情况。它说明远在汉武帝刘彻派张骞通西域以前，中国内地和中亚之间就已有个人和团体的交往接触。这一点，已有不少考古材料可资证明。

晋郭璞为该书作注。清檀萃有《穆天子传注疏》，其后有洪颐煊校正本，继洪氏后有作者翟云升作《覆校穆天子传》。近几十年来，有丁谦《穆天子传地理考证》、顾实《穆天子传西征讲疏》等作品。

《博物志》——志怪小说集萃

《博物志》是一部很有影响的志怪小说集。西晋张华（232—300年）编撰，分类记载异境奇物、古代琐闻杂事及神仙方术等。内容多取材于古籍，包罗很杂，有山川地理知识，有历史人物传说，有对奇异的草木鱼虫、飞禽走兽的描述，也有怪诞不经的神仙方技的故事，其中还保存了不少古代神话材料。如所记八月有人浮槎至天河见织女的传闻，是有关牛郎织女神话故事的原始资料。

据东晋王嘉《拾遗记》称，此书原有400卷，晋武帝令张华删订为10卷。但此说无旁证，《隋书·经籍志》杂家类著录本书即为10卷。今本内容混杂，文辞疏略，注释寥寥数则，而且其他著作所引有今本所不载者，当是原书已佚，由后人搜辑而成。

此书有两种版本：一种是常见的通行本，收在《广汉魏丛书》、《古今逸史》、《稗海》等丛书中，于十卷中又分三十九目；另一种是黄丕烈刊《士礼居丛书》本，亦作十卷，不分目，次第也和通行本协调，据黄氏说此本系汲古阁影抄宋连江氏刻本，收在《指海》、《龙溪》、《博舍丛书》中，内容与前二书完全相同。今人范宁有《博物志校证》。

《世说新语》——魏晋名士的群体像

作者刘义庆（403—444年），南朝彭城人（今江苏徐州人），南朝刘宋宗室。宋武帝永初元年袭封临川王，宋文帝元嘉初转散骑常侍，历官荆州、江州、南兖州刺史。好文艺，延揽远近文学之士，如鲍照、袁淑等，皆引为佐史国臣。撰《集林》、《世说新语》。

《世说新语》简称《世说》，是中国古代志人小说集，题为刘义庆

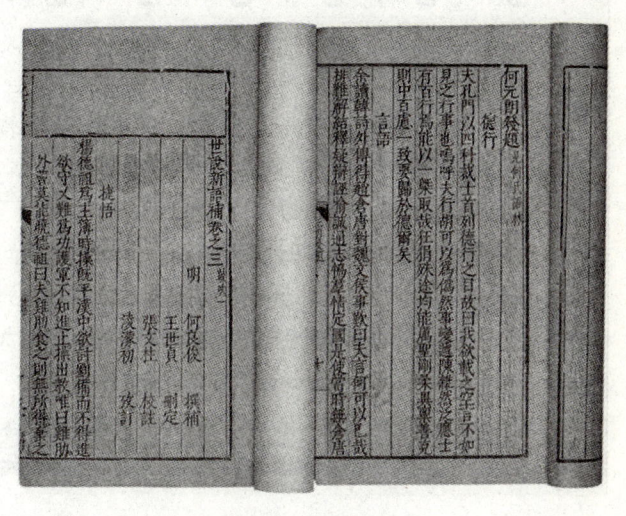

《世说新语》书影

撰，实际是他组织门下文人杂采众书编纂而成，南朝梁刘孝标为其作注。此书为6卷，分德行、言语、政事、文学等36门，记述自汉末到南朝宋时士大夫之遗闻轶事，主要为有关人物品藻、清谈玄言和机智应对的故事，反映了门阀世族的思想风貌，保存了社会、政治、思想、文学等多方面史料，影响深远。编者对清谈名士的逸世独行颇多赞许，对他们的狂放简傲亦有微词，有时对人物不作褒贬，然高下轩轾自见。语言精练质朴，生动隽永，切中传神，有许多至今广泛应用的成语便出自此书，例如"难兄难弟"、"拾人牙慧"、"咄咄怪事"、"一往情深"等等。鲁迅概括其艺术特色为"记言则玄远冷隽，记行则高简瑰奇"。

存世版本有李栻《历代小史》本，元陶宗仪辑《说郛》本，《四库全书》本，涵芬楼影印明袁氏嘉趣堂刊本等。1983年中华书局出版的余嘉锡《世说新语笺疏》，考证详明，是较好的注本。

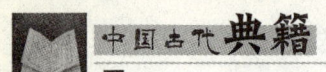

知识链接

《搜神记》

《搜神记》是古代志怪小说集，晋代干宝编撰。《搜神记》原本已散，今本系后人缀辑增益而成。20卷，共有大小故事454个。所记多为神灵怪异之事，也有一部分属于民间传说。

《搜神记》中的故事大多篇幅短小，情节简单，设想奇幻，极富于浪漫主义色彩。《搜神记》对后世影响深远，如唐代传奇故事、蒲松龄的《聊斋志异》、神话戏《天仙配》及后世的许多小说、戏曲，都和它有着密切的联系。

《三国演义》——中国第一部长篇章回体小说

《三国演义》全称《三国志通俗演义》，四大名著之一，是历史演义小说的经典之作。作者为元末明初的罗贯中。罗贯中（约1330年—约1400年），名本，字贯中，山西并州太原人，汉族，号湖海散人。他是元末明初著名小说家、戏曲家，是中国章回小说的鼻祖。

三国故事在我国古代民间颇为流行。宋元时代即被搬上舞台，金、元演出的三国剧目达30多种。元代至治年间出现了新安虞氏所刊的《全相三国志平话》。元末明初罗贯中综合民间传说和戏曲、话本，结合陈寿《三国志》和裴松之注的史料，根据他个人对社会人生的体悟，创作了《三国志通俗演义》。现存最早刊本是明嘉靖年所刊刻的，俗称"嘉靖本"，共24卷。清康熙年间，毛纶、毛宗岗父子辨正史事、增删文字，修改成今日通行的120回本《三国演义》。

《三国演义》描写的是从东汉末年到西晋初年之间近100年的历史风云。全书反映了三国时代的政治军事斗争，反映了三国时代各类社会矛盾的渗透与转化，概括了这一时代的历史巨变，塑造了一批叱咤风云的英雄人物。在

第四章 诸子典籍

对三国历史的把握上，作者表现出明显的拥刘反曹倾向，以刘备集团作为描写的中心，对刘备集团的主要人物加以歌颂，对曹操则极力揭露鞭挞。尊刘反曹是民间传说的主要倾向，在罗贯中时代隐含着人民对汉族复兴的希望。广阔的社会历史背景上，展示出那个时代尖锐复杂又极具特色的政治军事冲突。在政治、军事谋略方面，对后世产生了深远的影响。

《三国演义》塑造了一大批鲜明生动，有生命力的人物形象，罗贯中也因此获得了在中国文学史上的重要地位。书中刻画的近 200 个人物形象中，最为成功的有诸葛亮、曹操、关羽、刘备等人。《三国演义》描写了大大小小的战争无数，构思宏伟，手法多样，使我们对古代文化有了很多了解。其中官渡之战、赤壁之战等战争的描写波澜起伏、跌宕跳跃，读来惊心动魄，荡气回肠。

《三国演义》开创了历史小说的先河。自罗贯中把三国历史写成小说以来，历代文人纷纷效法。在中国文学史上，历史小说便蔚然成为一大潮流。直到现在，中国几千年的历史，都已写成了各种历史小说，无不是罗贯中历史演义的继承和发展。

《水浒传》——我国最早的白话长篇小说

《水浒传》，又名《忠义水浒传》，是我国最早的白话长篇小说。它是中国英雄传奇中最杰出的长篇小说，也是第一部以民众反抗斗争为题材的长篇小说，作者是元末明初的施耐庵，也有人认为是同弟子罗贯中合著或者部分为罗贯中续写。施耐庵（1296—1371 年），元末明初人，原名施彦端。扬州府兴化白驹场（今江苏兴化）人。施耐庵才气横溢，博古通今，举凡群经诸子，词章诗歌，天文、地理、医卜、星象等，无不精通。

《水浒传》以艺术的形式真实地反映了封建社会的腐朽、黑暗，揭示了官逼民反的社会现实，是根据宋、元以来有关宋江等 36 人故事的话本和杂剧改编而成的。具有高度的艺术成就，在中国的文学史上占有重要地位。

《水浒传》之所以成为我国文学史上影响巨大的作品，不仅在于它思想内容的丰富，而且也由于它艺术的成熟。《水浒传》继承并发展了现实主义和浪漫主义的优秀传统，而且把二者有机结合起来。《水浒传》也是汉语文学中最具备史诗特征的作品之一，版本众多，流传极广，脍炙人口，对中国乃至东亚的叙事文学都有极深远的影响。

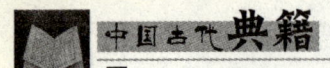

知识链接

章回体

章回体是中国古代长篇小说的一种外在叙述体式。其特点是将全书分为若干章节，称为"回"或节。少则十几回、几十回，多则百余回。每回前用单句或两句对偶的文字作标题，称为"回目"，概括本回的故事内容。每回开头以"话说"、"且说"等起叙，每回末有"欲知后事如何，且听下文分解"之类的收束语，一回叙述一个较完整的故事段落，有相对独立性，但又承上启下。

《西游记》——杰出的长篇神魔小说

《西游记》为四大名著之一，是一部浪漫主义杰作，也是一部群众创作和文人创作相结合的作品。作者吴承恩（约1500—1582），字汝忠，号射阳山人，明代小说家。江苏涟水人，后徙淮安山阳（今江苏淮安）。

《西游记》以唐代玄奘和尚赴天竺学习佛教的经历为蓝本，在《大唐西域记》、《大唐慈恩寺三藏法师传》等作品的基础上，经过整理、构思最终写定。作品借助神话人物抒发了作者对现实的不满和改变现实的愿望，折射出作者渴望建立"君贤神明"的王道治国的政治理想。全书共100回，60余万字。分回标目，每一回目以整齐对偶展现。故事叙述唐三藏与徒弟孙悟空、猪八戒、沙僧、白龙马，经过81次磨难，到西天取经的过程。

神魔小说通常由两个部分组成。一个部分叫做出身传，另一个部分叫做灵应传或降妖传。《西游记》的结构也是这样。第1至12回是全书的引子，其中前7回讲孙悟空的出身和大闹天宫等故事，为他的神通广大和后来追随唐僧去西天取经提供背景材料；第8回至第12回则介绍小说的另一主人公唐僧，交代取经的缘由；第13回至第100回，是全书的主要部分，演述唐僧、孙悟空等师徒四人降妖伏魔、西天取经的故事。

《西游记》成书于16世纪明朝中叶，自问世以来在中国及世界各地广为流传，被翻译成多种语言。在中国乃至亚洲部分地区，西游记家喻户晓。其中，孙悟空、唐僧、猪八戒、沙僧等人物和"大闹天宫"、"三打白骨精"、"火焰山"等故事尤其为人熟悉。几百年以来，西游记被改编成了各种地方戏曲及电影、电视剧、动画片、漫画，版本繁多。

《西游记》年画

《西游记》的出现，开辟了神魔长篇章回小说的新门类，书中将善意的嘲笑、辛辣的讽刺同严肃的批判巧妙结合在一起的特点直接影响着讽刺小说的发展。《西游记》是古代长篇小说浪漫主义的高峰，在世界文学史上，它也是浪漫主义的杰作。《美国大百科全书》认为它是"一部具有丰富内容和光辉思想的神话小说"，《法国大百科全书》说："全书故事的描写充满幽默和风趣，给读者以浓厚的兴味。"从19世纪开始，它被翻译为日、英、法、德、俄、等十来种文字流行于世。

《金瓶梅》——我国古典小说的分水岭

《金瓶梅》是我国明代长篇小说，明代四大奇书（《水浒传》、《三国演义》、《西游记》、《金瓶梅》）之一，成书约在隆庆至万历年间。作者署名兰陵笑笑生。兰陵即今山东省苍山县兰陵镇。作者笑笑生为笔名，原作者有多种说法。《金瓶梅》共100回。其版本有二：一是万历四十五年（1617年）东吴弄珠客作序的《金瓶梅词话》；另一是天启年间刻的《原本金瓶梅》。两种版本内容基本相同，后来的刻本，基本上属于天启刻本系统。

《金瓶梅》借《水浒传》中武松杀嫂一段故事为引子，通过对兼有官僚、恶霸、富商三种身份的封建时代市侩势力的代表人物西门庆及其家庭罪恶生活的描述，暴露了北宋中叶社会的黑暗和腐败，具有较深刻的认识价值。《金瓶梅》描绘了一个上自朝廷内擅权专政的太师，下至地方官僚恶霸乃至市井间的地痞、流氓、帮闲所构成的鬼蜮世界。这些描写，反映了明代中叶以后，朝廷权贵与地方上的豪绅官商相勾结，压榨人民、聚敛钱财的种种黑幕。

《金瓶梅》是中国文学史上第一部由文人独立创作的长篇小说。从此，文人创作成为小说创作的主流。《金瓶梅》之前的长篇小说，莫不取材于历史故事或神话、传说。《金瓶梅》摆脱了这一传统，以现实社会中的人物和家庭日常生活为题材，使中国小说现实主义创作方法日臻成熟。《金瓶梅》的诞生，标志着诸如《三国演义》、《水浒传》、《西游记》等取材于历史故事与神话传说而集体整理加工式小说创作模式的终结，开启了文人直接取材于现实社会生活而进行独立创作长篇小说的先河，为其后《红楼梦》的出现做了必不可少的探索和准备。

《三言二拍》——流传最广的传奇短篇小说集

《三言二拍》是指明代五本著名传奇短篇小说集的合称。"三言"即《喻世明言》、《警世通言》、《醒世恒言》的合称，作者为冯梦龙。"二拍"则是中国拟话本小说集《初刻拍案惊奇》和《二刻拍案惊奇》的合称，作者凌濛初。冯梦龙（1574—1646年），明代文学家、戏曲家，字犹龙，又字子犹，号龙子犹、墨憨斋主人、顾曲散人、吴下词奴、姑苏词奴、前周柱史等。南直隶苏州府长洲县（今江苏省苏州市）人。凌濛初（1580—1644年），字玄房，号初成，亦名凌波，一字遐厈，别号即空观主人，浙江乌程（今浙江湖州吴兴织里镇晟舍）人，明代文学家、小说家和雕版印书家。

"三言"每集40篇，共120篇。分别刊于天启元年（1621年）、天启四年（1624年）和天启七年（1627年）。这些作品有的是辑录宋元明以来的旧本，但一般都做了不同程度的修改，也有的是据文言笔记、传奇小说、戏曲、历史故事，乃至社会传闻再创作而成，故"三言"包容了旧本的汇辑和新著的创作，是我国白话短篇小说在说唱艺术的基础上，经过文人的整理加工到文人进行独立创作的开始。它"极摹人情世态之歧，备写悲欢离合之致"，是宋元明三代最重要的一部白话短篇小说的总集。它的出现，标志着古代白话短篇小说整理和创作高潮的到来。

"三言"所收录的作品，无论是宋元旧篇，还是明代新作和冯梦龙拟作，都不同程度地经过冯梦龙增删和润饰。这些作品，题材广泛，内容复杂。有对封建官僚丑恶的谴责和对正直官吏德行的赞扬，有对友谊、爱情的歌颂和对背信弃义、负心行为的斥责。更值得注意的是，有不少作品描写了市井百姓的生活。"三言"中的优秀作品，既重视故事完整、情节曲折和细节丰富，又调动了多种表现手段,刻画人物性格。它的刊行推动了短篇小说的发展和繁荣,标志着中国短篇白话小说的民族风格和特点已经形成。

在"三言"的影响下,凌蒙初编著了《初刻拍案惊奇》(刊于1628年)和《二刻拍案惊奇》(刊于1632年)各40卷,人称"二拍"。"二拍"与"三言"不同,基本上都是个人创作,"取古往今来杂碎事可新听睹、佐谈谐者,演而畅之"。它已经是一部个人的白话小说创作专集。

"二拍"的有些作品反映了市民生活和他们的思想意识。如《转运汉巧遇洞庭红》写商人泛海经商事,可以看出明末商人们追求钱财的强烈欲望。《乌将军一饭必酬》、《叠居奇程客得助》等重视商业描写,在以往的短篇小说中非常罕见。有些作品提出在爱情婚姻生活中要求男女平等的观点。值得一提的是,"奉劝世人行好事,到头原是自周全"的劝谕思想是贯穿"二拍"始终的精髓。如卷十五《韩侍郎婢作夫人》的开头中说的一妇人因受商人帮助救出了丈夫,在她去答谢商人的一刹那,商人卧室的房墙倒了,要不是因妇人来答谢的时间巧合,恐怕商人就一命呜呼了。这种行好就有好报的教谕,"二拍"中描写得很到位。"二拍"善于组织情节,因此多数篇章有一定的吸引力,语言也较生动。但从总体艺术魅力来说,与"三言"有一定差距。

由于"三言二拍""卷帙浩繁,观览难周",故后有抱瓮老人从中选取40种成《今古奇观》。

《红楼梦》——我国古代最伟大的长篇小说

《红楼梦》是我国古代最伟大的长篇小说,也是世界文学经典巨著之一。原名《石头记》、《情僧录》、《风月宝鉴》、《金陵十二钗》等,成书于清乾隆帝四十九年甲辰(1784年),梦觉主人序本正式题为《红楼梦》。

作者曹雪芹(约1715或1725年前后—约1763或1764年),清代伟大的小说家。名沾,字梦阮,雪芹是其号,又号芹圃、芹溪居;高鹗(约1738—约1815年),清代文学家,字兰墅,一字云士。因酷爱小说《红楼梦》,别号"红楼外史",汉军黄旗内务府人。祖籍铁岭(今属辽宁),先世清初即寓居北京。

最初的《红楼梦》是以手抄本形式流传,只有前80回。此后,《红楼梦》续作纷纷出笼。据统计,《红楼梦》续书种类高达百余种。最为红学界关注的版本是《脂砚斋重评石头记》。现通行的续作是由高鹗续全的120回《红楼梦》。书中以贾、史、王、薛四大家族为背景，以贾宝玉、林黛玉爱情悲剧为主线，着重描写贾、宁二府由盛到衰的过程。全面地描写封建社会末世的人性世态及种种无法调和的矛盾。

《红楼梦》在艺术上取得了辉煌的成就。它的叙述和描写就像生活本身那样丰富、深厚、逼真、自然，在艺术表现上普遍地运用了对比的手法。作者安排了鲜明对照的两个世界：一是以女性为中心的大观园，这是被统治者的世界；一是以男性为中心的社会，这是统治者的世界。作者还常常拿一个人对两件事的不同态度对比，拿两个人对同一件事的态度对比，在对比中揭示人物灵魂深处

曹雪芹塑像

的隐秘，表达作者的爱憎倾向。其次，善于处理虚实关系，它实写而不浅露，虚写而不晦暗，创造出一个含蓄深沉的艺术境界。再次，作者善于运用春秋笔法，也就是文笔曲折而意含褒贬。比如将王夫人对林黛玉的憎恶写得十分含蓄。

《中国大百科全书》评价说：红楼梦的价值怎么估计都不为过。《大英百科全书》评价说：《红楼梦》的价值等于一整个欧洲。有评论家这样说：几千年中国文学史，假如我们只有一部《红楼梦》，它的光辉也足以照亮古今中外。

《聊斋志异》——中国古典短篇小说的巅峰之作

《聊斋志异》，清代短篇小说集，作者蒲松龄（1640年—1715年），清代著名文学家、短篇小说家，字留仙，一字剑臣，号柳泉居士，世称"聊斋先生"，山东淄川（今山东淄博市淄川区）人，蒙古族。

《聊斋志异》是蒲松龄的代表作，完成于清康熙十九年（1680年），此后不断有所增补和修改。"聊斋"是他的书屋名称，"志"是记述的意思，"异"指奇异的故事。

全书共有短篇小说491篇。题材非常广泛，内容极其丰富。多数作品通过谈狐说鬼的手法，反映了17世纪中国的社会面貌，对当时社会的腐败、黑暗进行了有力批判，在一定程度上揭露了社会矛盾，表达了人民的愿望。但

其中也夹杂着一些封建伦理观念和因果报应的宿命论思想。

《聊斋志异》成功地塑造了众多的艺术典型，人物形象鲜明生动，故事情节曲折离奇，结构布局严谨巧妙，文笔简练，描写细腻，堪称中国古典短篇小说之巅峰。

蒲松龄的同乡好友王士禛为《聊斋志异》题诗："姑妄言之姑听之，豆棚瓜架雨如丝。料应厌作人间语，爱听秋坟鬼唱诗（时）。"

《聊斋志异》完成后，在蒲松龄生前多以抄本流传。到乾隆三十一年（1766年），第一次由赵起杲在浙江严州刻印，后有多种版本面世。

《儒林外史》——杰出的现实主义长篇讽刺小说

《儒林外史》是我国清代一部杰出的现实主义长篇讽刺小说，主要描写封建社会后期知识分子及官绅的活动和精神面貌。作者吴敬梓（1701—1754年），字敏轩，一字文木，号粒民，清代小说家，汉族，安徽全椒人。

《儒林外史》原本55回。根据程晋芳《怀人诗》，可以证明在吴敬梓49岁的时候已经脱稿，但是直到作者死后10多年，才由金兆燕刊刻行世。这个刻本，今已失传。现在通行的刻本是56回，其中最末一回乃后人伪作。

《儒林外史》是我国文学史上一部杰出的现实主义的章回体长篇讽刺小说。鲁迅先生评为"如集诸碎锦，合为帖子，虽非巨幅，而时见珍异。"全书故事情节虽没有一个主干，可是有一个中心贯穿其间，那就是反对科举制度和封建礼教的毒害，讽刺因热衷功名富贵而造成的极端虚伪、恶劣的社会风习。这样的思想内容，在当时无疑是有其重大的现实意义和教育意义的。加上它那准确、生动、洗练的白话语言，栩栩如生的人物形象塑造，优美细腻的景物描写，出色的讽刺手法，因此在艺术上获得了巨大的成功。当然，由于时代的局限，作者在书中虽然批判了黑暗的现实，却把理想寄托在"品学兼优"的士大夫身上，宣扬古礼古乐，看不到改变儒林和社会的真正出路。

《儒林外史》是我国古代讽刺文学的典范。吴敬梓对生活在封建末世和科举制度下的封建文人群像的成功塑造，以及对吃人的科举、礼教和腐败事态的生动描绘，使他成为我国文学史上批判现实主义的杰出作家之一。《儒林外史》不仅直接影响了近代谴责小说，而且对现代讽刺文学也有深刻的启发。现在，《儒林外史》已被译成英、法、德、俄、日等多种文字，成为一部世界性的文学名著。

知识链接

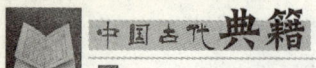

晚清四大谴责小说

晚清四大谴责小说是中国清末4部谴责小说的合称。即李宝嘉（李伯元）的《官场现形记》、吴沃尧（吴趼人）的《二十年目睹之怪现状》、刘鹗的《老残游记》、曾朴的《孽海花》。"晚清四大谴责小说"的出现，是中国小说创作进入到又一个繁荣时期的重要标志。

《官场现形记》共五编60回。这是我国近代第一部在报刊上连载并取得社会轰动效应的长篇章回小说，开创了近代小说批判现实的风气。小说由30多个相对独立的官场故事联缀起来，涉及清政府中上自皇帝、太后，下至佐杂小吏等一百多个大小官吏，并将这些形形色色的官僚们的各种恶行丑态暴露在光天化日之下。

《二十年目睹之怪现状》计108回。这是一部带有自传色彩的长篇小说。它通过主人公九死一生从奔父丧开始，至其经商失败为止所耳闻目睹的近200个小故事，勾画出中法战争后至20世纪初的20多年间晚清社会出现的种种怪现状，所反映的社会生活范围比《官场现形记》更为广阔。

《老残游记》全书共20回，是作者对"棋局已残"的封建末世及人民深重的苦难遭遇的哭泣。小说写一个被人称做老残的江湖医生铁英在游历中的见闻和作为，对清政府的腐朽黑暗，官吏的残暴昏庸，百姓的贫困交迫等等，都有所暴露。

《孽海花》共35回。小说以金雯青和傅彩云的故事为主线，生动地描写了从同治至光绪30多年间的历史文化的推移和政治社会的变迁，暴露了统治者的腐朽没落，批判了封建的科举制度，讽刺了那些达官名士，真实地反映了他们的精神生活和文化心态。同时也热情地歌颂了冯子材、刘永福等抗战英雄和孙中山等民主革命党人的革命活动，表达了作者反对封建专制，鼓吹民族民主革命的爱国救亡的思想。

第五章

集部典籍

在中国传统典籍总汇的《四库全书》中，集部数量最大。在《四库全书总目提要》中，集部包括楚辞、别集、总集、诗文评、词曲（下分词集、词选、词话、词谱词韵、南北曲5属）5个大类。收个人诗文词者谓之别集，收多人诗文词者谓之总集，诗文评是指文论专著以及诗话、词话、文话。

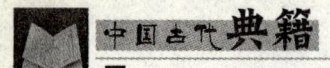

第一节
古代集部典籍的创作与发展

诗歌的创作及其典籍

我国古代诗歌早在史前时期的口头创作中就产生了，它是各种最早出现的文学形式。商代甲骨文中记录的诗歌已有节奏，周代金文中记录的歌谣已经开始押韵。早期的诗歌大都是四言诗，我国第一部诗歌总集《诗经》基本上都是四言诗。

战国时期，南方的楚国人创造了一种"书楚语，作楚声"的特殊形式的诗歌，后人称为"楚辞"。我国第一位伟大的浪漫主义诗人屈原，以他卓越的诗篇《离骚》、《九歌》和《九章》等作品构成了"楚辞"的新形式，完成了"楚辞"的创造。

汉代除了文人诗坛的辞赋创作外，民间出现了一批以五言句式为主，形式比较自由的民歌。这些民歌往往"感于哀乐，缘事而发"（《汉书·艺文志》），所以具有丰富的社会内容和思想性。汉武帝时设立乐府，采集民歌，同时收集文人士大夫仿照民歌形式创作的歌辞，形成了汉代的"乐府诗"。两汉乐府诗直接影响了南北朝的诗歌创作，南北朝的乐府民歌篇幅较短小，抒情的成分也渐渐多起来。汉魏六朝乐府诗在流传过程中有很多散佚，特别是汉乐府，仅存五六十首。宋代郭茂倩编辑的《乐府诗集》100卷，是收罗乐府诗最完备的一部总集，包括汉至唐五代的乐府诗作。魏晋南北朝是我国诗歌发展的重要阶段，东汉末的建安时期就出现了曹操、曹丕、曹植父子三人及孔融、陈琳等"建安七子"为代表的许多诗人。曹魏后期有以阮籍、嵇康等"竹林七贤"为代表的诗歌，作品多用隐晦手法吐露忧国刺时的不满情绪。东晋时出现了善于描写田园生活和景象的杰出诗人陶渊明，南朝时诗歌作品较有成就的是以山水诗见长的谢灵运和善于反映现实的鲍照。以上诗人的作品多收录于各人的别集中，仅有陶渊明的《陶靖节诗注》4 卷独立传世，由宋代汤汉作注。这个时期的诗歌总集，有明代梅鼎祚编的《汉魏诗乘》20 卷，清人周负亮编录的《汉魏六朝诗三百首》，近人丁福保编的《全汉三国晋南北朝诗》54 卷。

古典诗歌发展到唐代，进入了全面繁荣的高峰，涌现出许多伟大的诗人和优秀的作品。比如，初唐的"四杰"：王勃、杨炯、卢照邻和骆宾王；盛唐时期的"田园山水诗人"王维、孟浩然，"边塞诗人"高适、岑参、王昌龄等。而成就最大、影响最深的自然归于李白和杜甫。李、杜各以自己对现实生活的深刻认识和博大精深的艺术造诣，运用不同的创作手法，把古典诗歌的艺术推向了高峰。他们不仅是唐代，而且是我国诗歌发展史上最杰出的代表。继李、杜之后，还有中唐的白居易、刘长卿、韦应物、孟郊、李贺、刘禹锡，晚唐的杜牧、李商隐、皮日休、聂夷中等著名诗人。这些诗人的作品，大多收入各自的别集中，而唐诗诗集则从唐代就有人编选了。清代彭定求等人在《唐音统签》及清人季振宜《唐诗》的基础上，对唐诗进行了全面的总结和整理，编成《全唐诗》900 卷，共收 2200 余名诗人的作品 48900 余首，成为研究唐诗的主要典籍。此外，清人孙洙编选的《唐诗三百首》6 卷，作为唐诗的通行读物，流传极为广泛。

唐以后，诗歌逐渐形成了一种新的形式——词，并在宋代兴盛起来。词萌芽于南朝，形成于五代。最初的词是要配乐来歌唱的，有的按词制调，有的依调填词，后来主要是依调填词，填词用的调名，如"满江红"、"念奴娇"等，称为"词牌"。调与词内容不一定有联系，而且大多数词已不再配乐歌唱。从晚唐开始，文人大量写词，温庭筠、李煜都是当时重要的词人。宋代重要的词人，婉约派的有晏殊、晏几道、秦观、李清照；豪放派的有苏轼、辛弃疾、陈亮等，还有范仲淹、欧阳修、柳永、周邦彦等著名词人。词集自宋代以后大量出现，今人唐圭璋编的《全宋词》300 卷，附录 2 卷，辑宋代词人 1000 余家，词 20000 余首，可称集宋词之大成。

诗词发展到宋金对峙时期，又逐渐形成了散曲这种新诗体，并在元、明两代盛行起来。散曲可以说是词的别体，它在长短句歌词的基础上又吸取了一些民间俚曲和少数民族乐曲。散曲又分小令、套数两种体裁；按南北风格不同，又分北曲和南曲。词变为曲是一大进步，因为散曲可在本调的正字外添加"衬字"，使之语言更接近口语化，增强了表现力。元代散曲作家 200 余人，前期的有关汉卿、白朴、马致远等人，中期有张养浩等，后期又有张可久、乔吉等。元代散曲家留给后人的个人散曲专集很少，仅有张养浩的《云庄休闲自足小乐府》一卷，张可久的《小山乐府》六卷，乔吉的《梦符散曲》和汤式的《笔花集》等四种。元代散曲较重要的总集有元人杨朝英先后编成的《乐府新编阳春白雪》九卷和《朝野新声太平乐府》九卷。今人隋树森在"杨氏二选"的基础上，广为搜罗，编成《全元散曲》一书，共收小令3850余首，套数450余套，是有关元代散曲的重要典籍。明代散曲作家有300多人，但流传的作品不多，内容、风格未能比元曲有更大的发展。

在词和散曲发展流行的同时，原有的诗歌形式在宋、元、明、清各代依然流风寝染，流传下来许多宝贵的作品，这些诗作主要保存在各代编辑的诗总集里边。清代学者对于宋、元、明、清的诗歌结集作了大量工作。如张景星编的《宋诗别裁集》、《元诗别裁集》，前者收入宋代诗人137名，各体诗640首，后者收入元代诗人152名，诗作619首。沈德潜编有《明诗别裁集》、《清诗别裁集》，前者收明诗1000余首，后者收清初至乾隆间诗作3000余首。此外，顾嗣立编的《元诗选》四集，收录了大部分元诗。朱彝尊编的《明诗综》100卷，收入了明诗人3400余家的作品。

我国诗歌创作的传统源远流长，诗歌典籍的数量极其丰富。20世纪以来，文学界对于诗歌典籍作了大量的整理工作，除注释、研究外，还进行了一些大规模的搜集编辑工作。

散文的创作及其典籍

我国古代的散文创作同样具有悠久的历史。从文学史的角度来看，口头文学最先起源于诗歌，书面文学最初当是散体的记录，这些成文的记事作品从文学形式上看，就是散文或者历史散文。《尚书》是现存最早的一部古史，也是第一部集记叙文和论说文的散文典籍。在春秋战国这个学术文化大发展的时期中，散文创作也有突出的成就，这就是"诸子散文"和"历史散文"的出现。此期产生的《论语》、《孟子》、《庄子》、《荀子》、《韩非子》等都是优秀的诸子散文典籍。《左传》、《国语》、《战国策》等史学名著则属于历史散文典籍。历史散文在汉代得到划时代的发展，其代表性著作是司马迁的《史记》和班固的《汉书》。政论文在汉代发达起来，西汉初贾谊的《新书》、东汉王符的《潜夫论》、仲长统的《昌言》等都是典型的政论文典籍。诸子散文在汉代则有董仲舒的《春秋繁露》、刘安等编的《淮南子》等典籍。自魏晋南北朝开始，散文逐渐向清新挥洒的方向发展。三国时曹操、曹丕、曹植父子三人的散文具有代表性，反映了这一时期散文侧重于抒情的特色。晋代陶渊明的散文，更发展了这种风格，在叙事、写景中结合抒情。

入唐以后，散文创作进入一个重要的发展阶段，唐中叶的韩愈、柳宗元等人倡导古文运动，反对六朝以来日趋僵化的骈体之风，使散文在写景、抒情、言志、叙事、论理等方面真正发挥了散文的文学性质。宋代的欧阳修、王安石、苏轼、文天祥等人，继承和发扬唐代古文运动的成就，写出了大量优秀的作品。元代散文未能取得明显的成就。明清两代的散文则有持续的发展，明代散文中成就较大的如以有抒情散文见长的归有光，晚明以袁宏道、袁宗道、袁中道"三袁"为代表的"公安派"和以钟惺、谭元春为代表的"竟陵派"提倡文学改良主义，擅长抒情的短篇小品散文，提倡文章独抒性灵，不拘格套，文笔清新流畅。明清之际，顾炎武、归庄、屈大均等人的散文作品洋溢爱国主义的激情，各有成就。清代中后期，出现了以方苞、刘大櫆、姚鼐等人为代表的桐城文派，他们致力于古文复兴运动，提倡作文"义法"，风行一时，垄断了清代文坛。

我国散文文体种类繁多，百花竞放，前人对文体的分类虽然各有出入，但总起来说可归纳为辞赋、诏令、奏议、公、书启、赠序、序跋、论说、杂记、箴铭、传状、颂赞、碑志、哀祭、祈谢等15大类，又可细为100多小类。各体散文作品，除收入历代作家的诗文集外，许多作品收录于散文总集典籍之中。

通代散文总集有清人严可均编的《全上古三代秦汉三国六朝文》746卷。该书收录上古至隋代的单篇散文，计作者3497人，除佚名作者外，皆有小传。清代姚鼐编《古文辞类纂》75卷，选录上起战国、下至清初的散文700余篇，校订比较精审。继姚鼐之后，曾国藩编了《经史百家杂钞》26卷，也是一部散文总集。清代陈元龙编的《历代赋汇》是一部专门收录赋体作品的典籍，正集140卷、外集20卷、逸句2卷、补遗22卷，共184卷，所收内容上起先秦、下迄明代，阅览历代赋作，以此书最为方便。清代吴楚材、吴调侯编选的《古文观止》12卷，全书上起先秦，下迄明代，选文222篇，以散文为主，间收骈文。《古文观止》是一部古代散文的精选本，入选作品不仅精彩，而且篇幅较小，便于初学阅读记诵，因此这部短小精致的散文总集编成以后流传最广，影响甚大。

断代散文总集以《全唐文》规模最大，于清嘉庆十九年（1814年）董诰等人奉敕所编，共1000卷。该书以清内府所藏旧钞《唐文》为蓝本，并从《永乐大典》、《文苑英华》、《唐文粹》等书中采辑唐人散文而成，共录唐五代文18600余篇，作者3000余人。《全唐文》编成后，清人陆心源又编有《唐文拾补》72卷，《续拾》16卷，补《全唐文》之阙。在《全唐文》之前，明代茅坤编有《唐宋八大家文钞》64卷，选录唐宋古文运动的代表人物韩愈、柳宗元、欧阳修、苏洵、苏轼、苏辙、曾巩、王安石等"唐宋八大家"的散文。清代储欣在此基础上又增入唐代李翱、孙樵两家散文，编成《唐宋十大家全集录》51卷。清乾隆年间又"御定"《唐宋文醇》58卷，以储氏书改订而成，增录各家评语，为之品题。

辽金散文总集，有今人陈述编的《辽文汇》，后增辑成《全辽文》13卷。有清代张金吾编的《金文最》120卷，除收金代散文外，间收骈文。

明清散文总集主要有4种：《明文海》，清初黄宗羲编，原书600卷，《四库全书》收为482卷，删去有关明末清初的内容，明代文史篇章，赖以保存者颇多；《明经世文编》，明代陈子龙等人所编，收录内容，多涉及时政要务于治乱相关之文，共504卷，载文3145篇，作者430人，登录的论文、奏议、尺牍、杂文多不加删削，保持了原貌，有较高史料价值，清代列为禁书，今有影印本；《清文汇》，近人沈粹芬、黄人等编成于清末，共5集，200卷，收清代作家1300余人，清文10000余篇；《皇朝经世文编》，清代魏源编，凡120卷，收清初至中叶作品，分为8类，大多为文书、论著、奏疏、书札等，清末盛康又辑成《皇朝经世文续编》120卷，收道光至光绪间奏稿、论文等1900余篇。

戏剧的创作及其典籍

我国传统的戏剧特点是歌、乐、舞合一的歌舞剧，是一门综合的艺术，其基本内容依赖于文学范畴的剧本文词。

我国戏剧的起源，可追溯到先秦时期的巫觋，即祭祀、祝颂祖先或神灵时巫师的歌舞。周、秦之世，已有专职的俳优存在，他们以幽默诙谐的语言和表演为宫廷贵族取乐，这是戏剧的胚胎。汉代以角抵、竞技为主的百戏里，也有称为"散乐"的歌舞演出，其中便有如《东海黄公》之类的戏剧性故事。始自南北朝而盛行于唐代的歌舞戏有"代面"、"拨头"、"踏摇娘"等。

在俳优演出方面，唐代发展成为"参军戏"，一般是两个演员表演，一个机智，一个愚笨，通过戏弄达到调笑娱乐的目的。宋代将参军戏发展成了宋杂剧和后来的金院本，它们都是戏剧的雏形。

元杂剧是在宋杂剧、金院本和说唱诸宫调直接影响下，融汇过去各种表演艺术而形成的一种完整的戏剧形式。早期的剧作家在唐宋传奇小说、话本、词曲、说唱文学的基础上创造了成熟的文学歌剧剧本，开创了戏剧创作史上辉煌的一页。元杂剧最杰出的作家是关汉卿，他是元杂剧的创始人之一，也是我国戏剧的奠基人。他一生创作戏剧六十三种，今人吴晓铃等编校的《关汉卿戏曲集》收录了流传至今的《窦娥冤》、《蝴蝶梦》、《救风尘》等18种完整剧本及失传剧目。其中尤以《窦娥冤》一剧最为成功，是元代杂剧的代表作。

元杂剧的另一优秀作品是《西厢记》，作者王实甫共创作杂剧14部，保存下来的有《西厢记》、《丽春堂》、《破窑记》3个全本及个别残曲。

元杂剧中还有不少成功的剧作，据元人钟嗣成《录鬼簿》所载，共有400余种，流传至今的有160余种。在元代前期杂剧中，较有成就的还有纪君祥的《赵氏孤儿》、白朴的《墙头马上》、马致远的《汉宫秋》；后期有郑光祖的《倩女离魂》、乔吉的《两世姻缘》等。

元朝末期，由于杂剧的衰微，产生于南宋时的"南戏"乘时而起，得到了复兴。元末南戏成就较高的作品是高明的《琵琶记》。南戏在元末明初基本定型，许多元末南戏又经明初人改造而流传下来。今存元末明初南戏中，影响较大的还有《拜月亭》、《荆钗记》、《白兔记》、《杀狗记》四大传奇。

明代戏剧以传奇最为繁荣，其地位有如元代杂剧。明清的传奇大多是用昆腔表演的，明代梁辰鱼首先用改革后的昆腔编写了传奇剧本《浣纱记》。明中叶以后，随着传奇的发展，出现了不同的戏剧流派，其中影响最大的有沈璟为代表的吴江派和汤显祖为代表的临川派。沈璟撰写传奇17种，现存有《义侠记》等7种。汤显祖是明代最杰出的剧作家，他以现实主义和积极浪漫主义结合的剧作，扭转了"吴江派"专讲音律的形式主义作风。他的作品流传下来的有《紫箫记》、《紫钗记》、《牡丹亭》、《邯郸记》、《南柯记》等5部传奇。

清兵入关以后，改朝换代的重大历史变迁及南方时起时伏的反清斗争，使得戏剧作品中描写历史变故以及社会政治生活的内容增多了，单纯描写爱情生活的剧作少了。比如清初李玉的《清忠谱》、朱素臣的《十五贯》都是

《六十种曲》书影

　　较有现实意义而又艺术水平较高的剧作。稍后的洪昇和孔尚任，则各以《长生殿》、《桃花扇》的杰出创作将清代传奇推向了高峰。

　　我国古代的戏剧典籍，除了以上提到的一批具有代表性的、单本流传的剧本以外，很多保存在戏剧总集之中。《永乐大典戏文三种》是现存最早的南戏剧本总集，明《永乐大典》共收戏文33种，《永乐大典》散失后，其第13991卷所收《小孙屠》、《张协状元》和《宦门子弟错立身》三种南戏被重新发现，得以刊行。

　　保存杂剧的剧本总集有明代臧懋循编的《元曲选》，这是现有流传最广、内容也最多的元人杂剧总集。全书100卷，每卷1剧，共收94种元人杂剧和6种元末明初人的杂剧，共100部剧本，有明刻本和中华书局标点本传世。《脉望馆古今杂剧》是明代赵琦美所藏元明杂剧剧本的总称，其实可看作是一部自成系统的总集，收入元明杂剧242种。这批剧本清初为藏书家钱曾收藏。明代沈泰编辑的《盛明杂剧》，分一、二集，每集收明杂剧30种，共60种。清代邹式金编辑的《杂剧新编》，是《盛明杂剧》的续编，收剧本34种，皆为明末清初作品。

保存传奇的总集有明代毛晋编刻的《六十种曲》和清人编选的《缀白裘》。《六十种曲》全书12集，每集收5个剧本，共120卷。除少数元人作品外，绝大多数为明人传奇。《缀白裘》所选，也多数为明清传奇，但所选并非全本，而是当时在戏台上流行的单出，共选489出。

知识链接

文学典籍的分类

在中国文学发展的不同时期，各有其代表性的文学成就，如我们经常所说的先秦散文、汉赋、六朝骈体文、唐诗、宋词、元曲、明清小说，就是在不同历史时期出现的最有成就的文学体裁及作家作品。按照现在通行的分类方法，中国古代文学大致包括散文（骈文）、诗歌（词）、戏曲、小说、文学批评（文学理论）五类。

诗文评论及其典籍

诗文评论是我国古代特殊的文学批评论著。古代诗文评论著述，最早散见于"六经"、诸子之中，其内容是零星的、片面的。随着文学的发展，作品的增多，才有了文学批评的专论。如魏晋时曹丕的《典论·论文》、陆机的《文赋》，但这些还不是专门的诗文评典籍。南朝梁代出现的刘勰的《文心雕龙》，是一部系统的文学理论批评专著。南朝梁代还出现了钟嵘撰著的《诗品》，这是我国文学评论史上第一部诗论典籍，也是一部文学批评的杰作。此后，我国古典诗文评典籍层出不穷，代有所继。

在诗评方面，唐代有司空图的《二十四诗品》1卷，将古代诗歌创作风格分为雄浑、冲淡等24类进行评论。宋元以后，诗词评论多以诗话、词话的形式出现，南宋严羽的《沧浪诗话》1卷，分诗辨、诗体、诗法、诗评和诗证5类，提出较系统的诗歌批评理论。南宋胡元任的《苕溪渔隐丛话》是一部诗话集,前集60卷,后集40卷,收宋以来各家诗话,间附己见,对前人诗作进行具体评论。清代袁枚的《随园诗话》除论诗外也记述文坛掌故和诗人轶事,全书16卷,补遗10卷。清人何文焕编辑的《历代诗话》,是一部历代诗话总集,收录自钟嵘《诗品》至清代的诗话共28种.近人丁福保又编《历代诗话续编》一书,补录由唐至明诗话28种;丁福保还辑有《清诗话》,收清代诗话42种。以上三部总集保存了古代诗话的大部分著作,利用起来比较方便。我国古代还有"诗纪事"一类书籍,兼具诗歌评论与诗歌史料的性质,这类书首创于南宋计有功的《唐诗纪事》,后人仿作接续,于是由唐至清,诗纪事类典籍也自成一个系列。

宋以后出现的词话是评论词作的专门典籍,其内容或评论词人、词作,或品评词派,或记载有关词的本事。南宋王灼的《碧鸡漫志》5卷,张炎的《词源》2卷,清代张宗橚的《词林纪事》22卷,都是研究我国古代词人及其作品的重要参考书。今人唐圭璋先生编有词话总集《词话丛编》一书,收宋以后历代词话60种。

相对诗词评论来说,古代文论的专门典籍较少,许多对文章的评论散杂于作者的文集、题跋或笔记之中,有些专门的文论典籍则兼论诗文文体或论修辞句法。如南宋陈骙的《文则》2卷,则是一部修辞论著,书中评论文章体式句法,对修辞学的研究颇有贡献。明代吴讷的《文章辨体》内集50卷,外集5卷,着重解说文体,杂以论评。明代徐师曾的《文体明辨》84卷,也是文体论典籍,在《文章辨体》的基础上加以修订,并有所发挥。近人周钟游汇集文评类著作,编成《文学滓梁》一书,所收文评著作自梁代任昉《文章缘起》至清代薛福成《论文集要》,共12种。另外值得一提的还有清代梁章钜的《制义丛话》24卷,是一部八股文论集,对于了解八股文的宗旨、源流、体裁、典制颇有用处。

在戏曲评论方面,重要的典籍有明代徐渭的《南词叙录》及何良俊的《曲论》。此外还有许多关于戏曲、小说的评论内容散见于文集笔记或作品的序跋传叙之中。

文学典籍中的诗文总集与别集

我国古代文学作品,除了一些篇幅较大的小说、戏曲、诗文评可独立成书刊行外,许多作品,尤其是诗文作品需要结集才能成书。我国文学总集起源很早，《诗经》就是一部诗歌总集，但它是一体总集；诗文总集即各体综合性总集，始于晋代挚虞的《文章流别集》，但此书已佚。挚虞以后，梁代昭明太子萧统编了一部《文选》，这是现存最早的诗文总集，它选录了先秦至梁代近 800 年的各类诗文，收录诗歌 434 篇，辞赋 99 篇，散文 219 篇，按文体分为 38 类，所选作家 129 人。《文选》之后，有《古文苑》21 卷问世，编者不详，为北宋孙洙所传，收周代至南齐诗文 260 余篇，分 20 类；清代孙星衍作《续古文苑》20 卷，补收周至元各类诗文。此外，明人张溥编的《汉魏六朝百三名家集》118 卷，也是唐以前又一部通代诗文总集。北宋李昉等人奉敕编纂的《文苑英华》1000 卷，上续《文选》，辑梁至唐诗文，但其中唐代诗文占 90% 以上，故实际上是一部唐代诗文总集。《文苑英华》卷帙浩繁，不便通读，因此宋初姚铉从中选编成《唐文粹》100 卷，形成断代诗文总集，也颇便学者利用。宋代诗文总集，有南宋吕祖谦编选的《宋文鉴》150 卷，原名《皇朝文鉴》，选录北宋诗文，共分 61 类。清代庄仲方为接续《宋文鉴》，编成《南宋文苑》70 卷，外编 4 卷，作者考 2 卷，选录南宋诗文，分为 55 类。元代苏天爵编选的《元文类》70 卷，原名《国朝文类》，是一部元代诗文总集，后人因此将它与《唐文粹》、《宋文鉴》并称，书中选录元初迄中叶的主要诗文，分为 43 类。反映明代诗文概况的断代总集，主要有《明文衡》、《明文在》两书。《明文衡》原名《皇明文衡》，明代程敏改编，98 卷，补缺 2 卷，选录明人辞、赋、乐府、琴操、散文，没有古体、近体诗，内容较芜杂，且多台阁体作品，反映了明初文风；《明文在》100 卷，清代薛熙编选，仿《文选》体例，录明代诗文 2000 余篇，多选唐宋派古文，所选亦不全面。清代诗文，虽有《清文汇》、《清诗释》、《全清词钞》等分体总集问世，但未编成综合体诗文总集。

"别集"是汇集个人作品的综合集。别集中有的是诗集，有的是文集，但多数是诗文合集。别集的编纂始于东汉，唐以前的别集，由于年代久远，大部分已散佚，流传下来的极少。明代张溥的《汉魏六朝百三名家集》既是唐以前诗文总集，又是汉至隋各家文集的汇编。除此之外，也有一些名家别集通过其他刻本、翻印本流传下来，如蔡邕的《蔡中郎文集》、曹植的《曹子建集》、嵇康的《嵇中散集》、陆机的《陆士衡文集》、陶渊明的《笺注陶渊明集》、《陶靖节集》等。唐以后别集，由于雕版印刷逐步兴起，所以保存传世较多，唐代别集现存 280 种，千卷以上。宋人别集见于著录的有 700 余种，较通行的有 347 种。辽金别集不过百种。元代时间虽短，但存留下来的别集

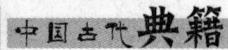

中国古代**典籍**
ZHONG GUO GU DAI DIAN JI

数量也有300多种。明清别集留存极多，据各种书目记载，明代传下来的别集约2000种。清人别集见于《贩书偶记》正、续编著录者4242部。从文学的角度上看，别集是保存作家的作品、著作最基本的典籍，对于后人了解作家的思想、艺术风格与成就具有重要意义。别集也是编辑总集的主要依据，现存大量别集类典籍是研究我国文学发展演变的第一手材料，是文学宝库中珍贵遗产。

类书与丛书

一般来说，类书是博采群书有关资料，然后按照类别重新组织汇编而成的书籍。丛书是将群书汇合为一，并冠以总名的一套书。二者虽然都是"汇编"众多文献，却有严格区别。类书一般是先将原书经过剪裁、处理后再将形成的片段资料依类别汇编成书，而丛书则是未经剪裁或摘抄，而是将整部、一整本原书汇编在一起。在传统的经、史、子、集四部分类法中，类书和丛书多是归入子部的。

类书皆收四部，非经、非史、非子、非集，有人认为应独立于四部自成一门。最早的类书一般公认是三国曹魏时的《皇览》（唐末亡佚），为类书之

《古今图书集成》书影

祖。魏晋南北朝著名的类书有《华林便略》、《修文殿御览》、《古今同姓名录》；唐代有著名的四大类书：《北堂书钞》、《艺文类聚》、《初学记》、《白氏六帖》；宋代著名类书有所谓的"四大书"：《太平御览》、《太平广记》、《文苑英华》、《册府元龟》，还有《玉海》、《山堂考索》、《事林广记》；元代知名类书多为民间类书，如《翰墨全书》、《启札云锦》；明清著名类书有《永乐大典》、《古今图书集成》，民间日用、通俗类书也大量编撰。类书因采摘群书、依类相从，便于寻检翻阅，辑录的材料有后代不存或版本不同者，故一般具有较高的辑佚和校勘价值。

丛书是群书的集合体。一般认为最早的丛书是南宋宁宗时俞鼎孙、俞经同编的《儒学警悟》，稍后有左圭辑刊《百川学海》；明代知名丛书有《阳山顾氏文房》、《古今逸史》、《稗海》、《津逮秘书》、《汉魏丛书》；清代有《学海类编》、《聚珍版丛书》、《抱经堂丛书》、《知道不足斋丛书》、《经训堂丛书》、《雅雨堂丛书》、《平津馆丛书》、《士礼居丛书》、《学津讨原》、《守山阁丛书》、《别下斋丛书》、《粤雅堂丛书》、《琳琅秘室丛书》、《古逸丛书》；民国有《四部丛刊》、《四部备要》、《丛书集成》、《万有文库》等。

第二节 诗词文曲

《诗经》——我国最早的诗歌总集

《诗经》是我国第一部诗歌总集，收集了从西周初期至春秋中叶大约500年间的诗歌305篇。按作品的乐调不同，分为风、雅、颂三部分。各篇创作年代，大体上是从西周初年到春秋中叶这500年间，作者大多不可考。这些作品经过长期的积累，大约在春秋末年由孔子重新编订，作为其学生的教科书。先秦时代统称为"诗"或"诗三百"，到了汉代，儒家把它奉为经典，

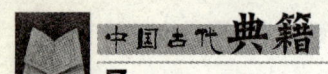

才称为《诗经》。

《诗经》里的作品内容十分广泛，主要包括：祭祀、农事、宴飨、怨刺、战争、徭役、爱情和婚姻等。《蒹葭》、《采薇》、《关雎》等都是《诗经》中的名篇。

无论是形式体裁、语言技巧，还是艺术形象和表现手法，《诗经》都显示出我国最早的诗歌作品在艺术上的巨大成就，是中国现实主义文学的光辉起点。由于其内容丰富、思想和艺术上的高度成就，在中国以至世界文化史上都占有重要地位。它开创了中国诗歌的优秀传统，对后世文学产生了不可磨灭的影响。《诗经》的影响还越出中国的国界而走向全世界。日本、朝鲜、越南等国很早就传入汉文版《诗经》。从18世纪开始，又出现了法文、德文、英文、俄文等译本。

秦代曾经焚毁包括《诗经》在内的所有儒家典籍。但由于《诗经》是易于记诵的、士人普遍熟悉的书，所以到汉代又得到流传。汉初传授《诗经》学的共有四家，也就是四个学派：齐之辕固生，鲁之申培，燕之韩婴，赵之毛亨、毛苌，简称齐诗、鲁诗、韩诗、毛诗（前二者取国名，后二者取姓氏）。齐、鲁、韩三家属今文经学，是官方承认的学派，毛诗属古文经学，是民间学派。但到了东汉以后，毛诗反而日渐兴盛，并为官方所承认；前三家则逐渐衰落，到南宋，就完全失传了。今天我们看到的《诗经》，就是毛诗一派的传本。

《楚辞》——我国浪漫主义文学的源头

楚辞者，楚国之词章也，为战国时代楚国屈原所开创之新诗体。两汉刘向集屈原全部作品及宋玉等人"承袭屈赋"的作品编辑成集，名之曰《楚辞》。在《楚辞》初本的16卷中，共收屈原的诗作8卷20余篇。其他8卷收的是宋玉、贾谊等的作品。后王逸增入己作《九思》，成17篇。

该书以屈原的作品为主，其中《离骚》、《九歌》、《天问》等篇保存了较多的历史资料和神话传说。屈原（约公元前340—前278年），名平，在《离骚》自称名正则，字灵均，战国时期楚国人，曾获楚怀王信任，后遭谗言，为怀王疏远，继而又遭流放，忧愤自伤，自沉于汨罗江。《楚辞》在中国诗史上占有重要的地位，它的出现，打破了《诗经》以后两三个世纪的沉寂而在诗坛上大放异彩。后人也因此将《诗经》与《楚辞》并称为风、骚。风指十五国风，代表《诗经》，充满着现实主义精神；骚指《离骚》，代表为《楚辞》，充满着浪漫主义气息。风、骚成为中国古典诗歌现实主义和浪漫主义创作的两大流派。《楚辞》篇章宏阔，汪洋恣肆，参差错落，富于变化，且感情奔放、想象力丰富、文采华美、风格绚烂，代表着我国浪漫主义文学的源头。

《楚辞》对中国文学的影响深远而巨大，因而自汉代以后"楚辞学"的研究持续而深入，有关流传、注释的著作达 200 余种。其

《楚辞笺注》书影

中，王逸的《楚辞章句》17 卷，是现存最早、最完整的《楚辞》注本。此外，朱熹的《楚辞集注》8 卷，克服了汉儒说经的习气，批评了王逸的错误与附会之处，颇有独立见解。清代蒋骥的《山带阁注楚辞》6 卷，注重对屈原生平的考订及对作品中神话传说的阐释。清代戴震的《屈原赋注》7 卷，附《通释》2 卷，《音义》3 卷，对于山川地理、草木鸟兽虫鱼的释名及音读、训诂，皆有可取之处。

《乐府诗集》——总括古代乐府歌词的诗歌总集

《乐府诗集》为宋代郭茂倩所编。郭茂倩（1041－1099 年），字德粲，宋代郓州须城（今山东东平）人。

《乐府诗集》现存 100 卷，是一部总括我国古代乐府歌词的著名诗歌总集，是现存收集乐府歌辞最完备的一部。该书主要辑录汉魏到唐、五代的乐府歌辞兼及先秦至唐末的歌谣，共 5000 多首。

"乐府"，本是掌管音乐的机关名称，最早设立于汉武帝时，南北朝也有乐府机关。其具体任务是制作乐谱，收集歌词和训练音乐人才。歌词的来源有两个：一部分是文人专门作的，一部分是从民间收集的。后来，人们将乐府机关采集的诗篇称为乐府，或称乐府诗、乐府歌辞，于是乐府便由官府名称变成了诗体名称。

《乐府诗集》把乐府诗分为《郊庙歌辞》、《燕射歌辞》、《吹曲辞》、《横吹曲辞》、《相和歌辞》、《清商曲辞》、《舞曲歌辞》、《琴曲歌辞》、《杂曲歌辞》、《近代曲辞》、《杂歌谣辞和新乐府辞等12大类。其中，又分若干小类，如《横吹曲辞》又分汉横吹曲》、《梁鼓角横吹曲等类；相和歌辞又分为相和六引》、《相和曲》、《吟叹曲》、《平调曲》、《清调曲》、《瑟调曲》、《楚调曲和大曲等类；清商曲辞中又分为吴声歌与西曲歌等类。各类有总序，每曲有题解。在这些不同的乐曲中，郊庙歌辞和燕射歌辞属于朝廷所用的乐章，思想内容和艺术技巧都较少可取成分。鼓吹曲辞和舞曲歌辞中也有一部分作品艺术价值较差。但总的来说，它所收诗歌，多数是优秀的民歌和文人用乐府旧题所作的诗歌。在现存的诗歌总集中，《乐府诗集》是成书较早、收集历代各种乐府诗最为完备的一部重要书籍。

《乐府诗集》的重要贡献是把历代歌曲按其曲调收集分类，使许多作品得以汇编成书。这对乐府诗歌的整理和研究提供了很大的方便。例如汉代一些优秀民歌如《陌上桑》、《东门行》等见于《宋书·乐志》，《孔雀东南飞》见于《玉台新咏》。还有一些则散见于《艺文类聚》等类书及其他典籍中，经编者收集加以著录。特别是古代一些民间谣谚，大抵散见各种史书和某些学术著作，杂歌谣辞一类所收，多为前所忽视者。至于后来杜文澜的《古谣谚》等著作，则远比此书为晚，显然是在它的基础上编撰的。

《乐府诗集》的版本，有明末汲古阁刊本、清翻刻本和《四部丛刊》影印本。文学古籍刊行社影印宋刊残本，所缺卷帙，用元刊本和旧抄本配补。通行本有1980年中华书局标点校勘本。

知识链接

"乐府双璧"

所谓"乐府双璧"，即《木兰诗》和《孔雀东南飞》的合称，汉代古乐府民歌（汉乐府）中最著名的两大代表作。《木兰诗》又名《木兰辞》，是北朝民歌，记述了木兰女扮男装，代父从军，征战沙场，凯旋回朝，建功受封，辞官还家的故事，充满传奇色彩。《孔雀东南飞》又名《古诗为焦仲卿妻作》，是汉代古乐府民歌杰作之一，也是现存下来的最早的一首长篇叙事诗。《孔雀东南飞》取材于东汉献帝年间发生在庐江郡（今属安徽省）的一桩婚姻悲剧，通过刘兰芝与焦仲卿这对恩爱夫妇的爱情悲剧，控诉了封建礼教、家长统治和门阀观念的罪恶，表达了青年男女要求婚姻爱情自主的合理愿望。

《窦娥冤》——我国古代悲剧的代表作

《窦娥冤》全称《感天动地窦娥冤》，是中国十大悲剧之一的传统剧目，是一出具有较高文化价值、以广泛群众为基础的名剧。据统计，我国约有86个剧种上演过此剧。

作者关汉卿（约1220—1300年），号已斋（一作一斋）、已斋叟，解州人（今山西省运城）。元代杂剧作家，中国古代戏曲创作的代表人物，"元曲四大家"之首。

《窦娥冤》写窦娥被无赖诬陷，又被官府错判斩刑的冤屈故事。全剧四折一楔子。剧情是：楚州贫儒窦天章因无钱进京赶考，无奈之下将幼女窦娥卖给蔡家为童养媳。窦娥婚后丈夫去世，婆媳相依为命。蔡婆外出讨债时遇到流氓张驴儿父子，被其胁迫。张驴儿企图霸占窦娥，见她不从便想毒死蔡婆以要挟窦娥，不料误毙其父。张驴儿诬告窦娥杀人，官府严刑逼讯婆媳二人，窦娥为救蔡婆自认杀人，被判斩刑。窦娥在临刑之时指天为誓，死后将血溅白绫、六月降雪、大旱三年，以明己冤，后来果然都一一应验。三年后窦天章任廉访使至楚州，见窦娥鬼魂出现，于是重审此案，为窦娥申冤。

《窦娥冤》是关汉卿的代表作，也是我国古代悲剧的代表作。它的故事渊源于《列女传》中的《东海孝妇》。但关汉卿并没有局限在这个传统故事里，

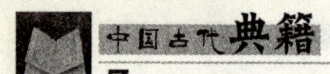

去歌颂为东海孝妇平反冤狱的于公的阴德，而是紧紧扣住当时的社会现实，用这段故事，真实而深刻的反映了蒙元统治下中国社会极端黑暗、极端残酷、极端混乱的悲剧时代，表现了中国人民坚强不屈的斗争精神和争取独立生存的强烈要求。它成功地塑造了"窦娥"这个悲剧主人公形象，使其成为元代被压迫、被剥削、被损害的妇女的代表，成为元代社会底层善良、坚强而走向反抗的妇女的典型。

作品在艺术上，体现出现实主义与浪漫主义风格的融合。作品用丰富的想象和大胆的夸张，设计超现实的情节，显示出正义的强大力量，寄托了作者鲜明的爱憎，反映了广大人民伸张正义、惩治邪恶的愿望。

《窦娥冤》现存版本有：明脉望馆藏《古今名家杂剧》本、《元曲选》壬集本、《酹江集》本、《元杂剧二种》本、《元人杂剧全集》本等。

《西厢记》——我国古典戏剧的现实主义杰作

《西厢记》全名《崔莺莺待月西厢记》。作者王实甫（1260—1336年），名德信，大都（今北京市）人，元代著名杂剧作家。《西厢记》大约写于元贞、大德年间（1295—1307年），是他的代表作。这个剧一上舞台就惊倒四座，博得男女青年的喜爱，被誉为"西厢记天下夺魁"。

《西厢记》的故事，最早起源于唐代元稹的传奇小说《莺莺传》，叙述书生张珙与同时寓居在普救寺的已故相国之女崔莺莺相爱，在婢女红娘的帮助下，两人在西厢约会，莺莺终于以身相许。后来张珙赴京应试，得了高官，却抛弃了莺莺，酿成爱情悲剧。这个故事到宋金时代流传更广，一些文人、民间艺人纷纷改编成说唱和戏剧。王实甫编写的多本杂剧《西厢记》，就是在这样丰富的艺术积累上进行加工创作而成的。

《西厢记》最突出的成就是从根本上改变了《莺莺传》的主题思想和莺莺的悲剧结局，把男女主人公塑造成在爱情上坚贞不渝，敢于冲破封建礼教的束缚，并经过不懈的努力，终于得到美满结果的一对青年。这一改动，使剧本反封建倾向更鲜明，突出了"愿普天下有情人都成眷属"的主题思想。在艺术上，剧本通过错综复杂的戏剧冲突，来完成莺莺、张珙、红娘等艺术形象的塑造，使人物的性格特征生动鲜明，加强了作品的戏剧性。

知识链接

《六十种曲》

《六十种曲》，明末毛晋（1599—1659年）辑，毛晋，字子晋，常熟（今属江苏）人，是著名的藏书家，藏书84000多册，大部分是明刻本，也有很多宋、元本，并建造了汲古阁、目耕楼来贮藏图书，又以汲古阁的名义刻了许多书，所刻的书以底本精善、校勘审慎而受到重视。《六十种曲》同样具有这一特点，而且，其中有大约20种左右的戏曲剧本，是现存剧本的最早或最好的版本。

《六十种曲》编于崇祯年间，分6帙，在3年内陆续出齐。初印本没有总名称，而是在每帙第一种的扉页上题"绣刻演剧十本"，每一种又题"绣刻某某记定本"，所以有人称这部书为《绣刻演剧十本》，或《绣刻演剧》。康熙年间重印时，6套同时出齐，才有了《六十种曲》这一总标题。书中收集《琵琶记》等传奇作品59种，杂剧《西厢记》1种，共60种。59种中，既收汤显祖《还魂记》，又收硕园改本《牡丹亭记》。

这部书是中国戏曲史上最早的传奇总集，也是规模最大的戏曲总集。它集中了元明两代一些著名的作家作品，选录了如《琵琶记》、《荆钗记》、《幽闺记》、《精忠记》、《鸣凤记》、《玉簪记》和汤显祖"四梦"等思想上、艺术上有较高成就的剧本，反映了编选者思想、艺术上的鉴别力。

《六十种曲》原刻初印本不多见，清初有重印本、重刻本。道光补刻本，错乱较多。1935年上海开明书店排印本，部分作品按初印本作了校正。1955年文学古籍刊行社印本，调整了剧目顺序，恢复了原刻初印本的面目。1958、1982年中华书局有重印本。

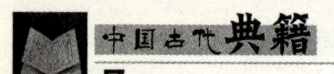

《西湖梦寻》——一部风格清新的小品散文

作者张岱（1597—约1676年），晚明散文家。字宗子，改字石公，号陶庵，又自号蝶庵居士。山阴（今浙江绍兴）人，侨寓杭州。明亡后披发入山，安贫著书。张岱提倡任情适性的文风，其题材范围广阔。

《西湖梦寻》是一部风格清新的小品散文。全书共五卷，通过追记往日西湖之胜，以寄亡明遗老故国哀思。其中虽有袭用明田汝成《西湖游览志》旧文处，但作者在记录西湖胜景上自具慧眼，远远超过了《西湖游览志》，对杭州一带重要的山水景色、佛教寺院、先贤祭祠等进行了全方位的描述，按照总记、北路、西路、中路、南路、外景的空间顺序依次写来，把杭州的古与今展现在读者面前。尤为重要的是，作者在每则记事之后选录先贤时人的诗文若干首（篇），更使山水增辉。这些诗文集中起来，就是一部西湖诗文选。在七十二则记事中，有不少有关寺院兴废之事，可以给研究佛教者提供丰富的资料。文笔清新，表达了对故国乡土的追恋之情。

《牡丹亭》——"东方的莎士比亚"的代表作

《牡丹亭》，原名《还魂记》，明代剧作家汤显祖的代表作，创作于1598年。

汤显祖（1550—1616年），我国明代伟大的戏曲家、文学家。字义仍，号若士，亦号海若，别署清远道人，江西临川人。汤显祖一生著有四部世界不朽名剧《临川四梦》——《牡丹亭》、《紫钗记》、《南柯记》、《邯郸记》和2000多首诗及500多篇文章，诗文和戏作在我国文学史上具有重要的影响。汤显祖一直享誉文坛，驰名海外，是世界公认的文化巨人，被誉为"东方的莎士比亚"。

此剧描写了官宦之女杜丽娘一日在花园中睡着，与一名年轻书生在梦中相爱，醒后终日寻梦不得，抑郁而终。杜丽娘临终前将自己的画像封存并埋入亭旁。三年之后，岭南书生柳梦梅赴京赶考，适逢金国在边境作乱，杜丽娘之父杜宝奉皇帝之命赴前线镇守。其后柳梦梅发现杜丽娘的画像，杜丽娘化为鬼魂寻到柳梦梅并叫他掘坟开棺，杜丽娘复活。随后柳梦梅赶考并高中状元，但由于战乱发榜延时，仍为书生的柳梦梅受杜丽娘之托寻找到丈人杜

《牡丹亭》剧照

宝。杜宝认定此人胡言乱语，随即将其打入大狱。得知柳梦梅为新科状元之后，杜宝才将其放出，但始终不认其为女婿。最终闹到金銮殿之上才得以解决，杜丽娘和柳梦梅二人终成眷属。

《牡丹亭》是汤显祖最著名的剧作，在思想和艺术方面都达到了其创作的最高水准。剧本推出之时，便一举超过了另一部古代爱情故事《西厢记》。据记载"《牡丹亭》一出，家传户诵，几令《西厢》减价"。此剧在封建礼教制度森严的古代中国一经上演，就受到民众的欢迎，特别是感情受压抑妇女。有记载当时有少女读其剧作后深为感动，以至于"忿惋而死"，以及杭州有女伶演到"寻梦"一出戏时感情激动，卒于台上。杜丽娘与柳梦梅的爱情故事体现了青年男女对自由的爱情生活的追求，显示了要求个性解放的思想倾向。

《桃花扇》—— 一部影响很深的历史剧

《桃花扇》是清初作家孔尚任经10余年苦心经营，三易其稿写出的一部传奇剧本，于康熙三十八年（1699年）完成，历来受到读者的好评。

孔尚任（1648—1718年），字聘之，又字季重，号东塘，别号岸堂，自称云亭山人。山东曲阜人，孔子六十四代孙，清初诗人、戏曲作家。时人将

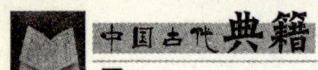

他与《长生殿》作者洪升并论,称"南洪北孔"。

该剧共有40出,舞台上常演的有《访翠》、《寄扇》、《沉江》等几折。通过男女主人公侯方域(朝宗)和李香君的爱情故事反映明末南明灭亡的历史戏剧。所谓"借离合之情,写兴亡之感,实事实人,有凭有据。"当时清初正是考据学极盛时期,影响了作者忠于历史的态度,剧本中绝大部分人物是真人真事,剧本所写的一年中重大历史事件甚至考证精确到某月某日。但由于并不是历史书籍,剧中加入故事情节,人物感情刻画,从深度和广度反映现实,并且有很高的艺术表现力,是一部对后世文学影响很深的历史剧。

桃花扇是侯方域、李香君定情之物。孔尚任以此记录着男女主人公的沉浮命运,又用它勾连出形形色色的人物活动。一把纤巧的扇子,在孔尚任手中不仅串络着纷乱的历史人物与事件,并雄辩地展示出它们的破灭的必然性。在民族沦落、社稷倾圮的时代,作者把高尚的人格给予身为妓女的李香君,把一个孱弱的灵魂赋予了享有盛名的才子,而将最深沉的同情寄予在社会地位卑微的民间艺人身上。孔尚任借助他们的口舌,抒发了对末世既临的无可奈何、无可挽回的叹息。

《桃花扇》是一部伟大的现实主义历史剧。剧作的主题正如孔尚任自己所说的,是"借离合之情,写兴亡之感"。作品通过侯朝宗与李香君悲欢离合的爱情故事,反映了明末动荡的社会现实及统治阶级内部的派系斗争,从而揭示了南明覆灭的根本原因。作者从沉痛的故国哀思出发,无情地揭露了统治阶级丑恶的本质,严厉地遣责了他们祸国殃民的罪行。同时,以激昂的爱国热情歌颂了民族英雄和热爱祖国的下层人民。

《长生殿》 ——唐明皇与杨贵妃的爱情故事

作者洪升(1645—1704年),清代戏曲作家、诗人。字昉思,号稗畦,又号稗村、南屏樵者。汉族,钱塘(今浙江杭州市)人。

《长生殿》取材自唐代诗人白居易的长诗《长恨歌》和元代剧作家白朴的剧作《梧桐雨》,讲的是唐玄宗和贵妃杨玉环之间的爱情故事。但他在原来题材上继续发挥,演绎出两个重要的主题:一是极大地增加了当时的社会和政治方面的内容;二是改造和充实了爱情故事。

清代初期,有许多人在作品中影射和探索明代灭亡的教训,孔尚任的《桃花扇》如粗,洪升的《长生殿》同样如此。作品重点描写了唐朝天宝年间皇帝昏庸、政治腐败给国家带来的巨大灾难，导致王朝几乎覆灭。剧本虽然谴责了唐玄宗的穷奢极侈，但同时又表现了对唐玄宗和杨玉环之间的爱情的同情，间接表达了对明朝统治的同情，还寄托了对美好爱情的理想。

该剧以宫廷生活为主线，穿插社会政治的演变，情节跌宕起伏，高潮不断。在创作或称中，作者还要请苏州音乐家徐麟帮助他严格地按照曲律填词，使整个音乐布局与曲辞密切配合，风格各异，与人物场景配合的恰如其分。此剧一经演出，立刻轰动，北京城中几乎家家会唱其中的唱段。其中片段被各种戏剧剧种改编，梅兰芳的京剧《贵妃醉酒》也是改编于《长生殿》。

《长生殿》剧照

令人叹息的是，洪升本人也是因为在康熙母亲佟皇后丧期内仍然观看《长生殿》，被革职回乡，酒醉落水而亡。

该剧有稗畦草堂原刊本、文瑞楼刊本、《暖红室汇刻传奇》本及1958年人民文学出版社排印的徐朔方校注本（1983年新版）等流传。

第三节 诗词文集

《昭明文选》——中国现存最早的一部诗文总集

《昭明文选》又称《文选》，是中国现存最早的一部诗文总集，由南朝梁武帝的长子萧统组织文人共同编选。萧统（501—531年），字德施，小字维

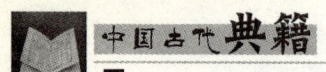

摩,南朝梁代文学家,南兰陵(今江苏常州)人,梁武帝萧衍长子。萧统死后谥"昭明",所以他主编的这部文选称作《昭明文选》。

书中选录先秦至梁的诗文辞赋,不选经、子,史书中也只略选"综辑辞采"、"错比文华"的论赞,可以看出编者已初步注意到文学与其他类型著作的区分,认为只有"事出于沉思,义归于翰藻"者方可入为文学作品。在艺术形式上,尤注重骈俪、华藻,是今人研究梁以前文学的重要参考资料。

全书共60卷,分为赋、诗、骚、七、诏、册、令、教、文、表、上书、启、弹事、笺、奏记、书、檄、移、对问、设论、辞、序、颂、赞、符命、史论、史述、赞论、连珠、箴、铭、诔、哀、碑文、墓志、行状、吊文、祭文38类。所选多大家之作,时代愈近入选愈多。其中楚辞、汉赋和六朝骈文占有相当比重,诗歌则多选对偶严谨的颜延之、谢灵运等人作品,陶渊明等人平易自然之作则入选较少。作品划分的类别,则能反映汉魏以来文学发展、文体增多的历史现象。

"选学"在唐朝与"五经"并驾齐驱,盛极一时,士子必须精通《文选》。时至北宋年间,民间尚传谣曰:"文选烂、秀才半",有"文章祖宗"之说。延至元、明、清,有关《文选》的研究亦未尝中辍。

《玉台新咏》 ——东周至南朝梁代的诗歌总集

《玉台新咏》是东周至南朝梁代的诗歌总集,历来认为是南朝徐陵在梁中叶时所编。徐陵(507—583年),字孝穆,东海郯(今山东郯城)人,徐摛之子。南朝梁陈间的诗人,文学家。

该书收诗769篇,计有五言诗8卷,歌行1卷,五言四句诗1卷,共为10卷。除第9卷中的《越人歌》相传作于春秋战国之间外,其余都是自汉迄梁的作品。《玉台新咏》在流传过程中,曾经一些人篡改,所以有人怀疑此书非徐陵所编,而出于后人之手。但此说尚不足以成为定论。

据徐陵《玉台新咏序》说,本书编纂的宗旨是"选录艳歌",即主要收男女闺情之作。从内容的广泛性看,它不如成书略早的《文选》。但它和"以文为本"作为收录标准的《文选》比较,也有独自的特色。如它不如《文选》那样选录歌功颂德的庙堂诗。入选各篇,皆取语言明白,而弃深奥典重者。所录汉时童谣歌、晋惠帝时童谣等,都属这一类。又比较重视民间文学,如中国古代长篇叙事诗《孔雀东南飞》就首见此书。它重视南朝时兴起的五

第五章　集部典籍

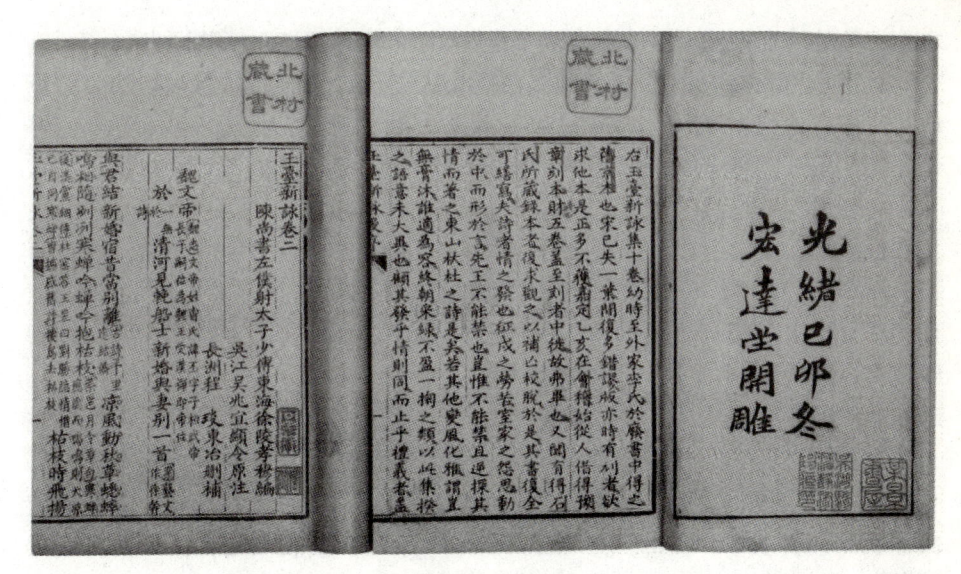

《玉台新咏》书影

言四句的短歌句，收录达1卷之多，对于唐代五言绝句这一诗体的发展有一定推动作用。它不如《文选》那样不录在世人物之作，选录了梁中叶以后不少诗人的作品。这些诗作比"永明体"更讲究声律和对仗，可以较清楚地看出"近体诗"的成熟过程。书中收录了沈约《八咏》一类杂言诗，也可以据此了解南朝末年诗和赋的融合以及隋唐歌行体的形成。《玉台新咏》所选诗篇又有可资考证、补阙佚的，如所收曹植的《弃妇诗》、庾信的《七夕诗》，为他们的集子所阙如。班婕妤、鲍令晖、刘令娴等女作家的作品，也赖此书得以保存和流传。

《玉台新咏》虽有一些情调不大健康的作品，但是表现出真挚爱情和妇女痛苦的作品也不少。如《上山采蘼芜》、《陌上桑》、《羽林郎》、《孔雀东南飞》等作品，都反映了一定的社会现实。

该书现存的版本以明无锡孙氏活字本为早，《四部丛刊》有影印本。明末赵均有北宋刊本，后有文学古籍刊行社影印本。

《白氏长庆集》——缀玉连珠六十年

白居易（772—846年），字乐天，晚号香山居士，河南新郑人，是中国文学史上负有盛名且影响深远的唐代诗人和文学家，有"诗魔"和"诗王"

之称，他的诗在中国、日本和朝鲜等国有广泛影响，与元稹共同发起了"新乐府运动"，世称"元白"。著有《白氏长庆集》71卷。他去世后，唐宣宗李忱写诗悼念他说："缀玉连珠六十年，谁教冥路作诗仙？浮云不系名居易，造化无为字乐天。童子解吟《长恨》曲，胡儿能唱《琵琶》篇。文章已满行人耳，一度思卿一怆然。"

白居易在文学上积极倡导新乐府运动，主张"文章合为时而著，歌诗合为事而作"，写下了不少感叹时世、反映人民疾苦的诗篇，对后世颇有影响，是我国文学史上相当重要的诗人。元和时曾任翰林学士、左赞善大夫，因得罪权贵，贬为江州司马，晚年好佛。他一生作诗很多，其中讽喻诗最有名，语言通俗易懂，被称为"老妪能解"。

《白氏长庆集》，宋、明均有刻本，到了宋代已经亡轶四卷，现存71卷。有影印宋绍兴本，不分前、后、续集，其中诗37卷，分为讽喻、闲话、感伤、歌行、杂律等，文34卷，收诗文3800余篇。代表作品有：《长恨歌》、《琵琶行》、《赋得古原草送别》、《钱塘湖春行》、《暮江吟》、《忆江南》、《大林寺桃花》、《同李十一醉忆元九》、《直中书省》、《长相思》、《题岳阳楼》、《观刈麦》、《宫词》、《问刘十九》、《买花》、等。其中长篇叙事诗《长恨歌》、《琵琶行》则代表他艺术上的最高成就。

白诗对后世文学影响巨大，晚唐皮日休、陆龟蒙、聂夷中、罗隐、杜荀鹤，宋代王禹偁、梅尧臣、苏轼、张耒、陆游及清代吴伟业、黄遵宪等，都受到白诗的启示。后代剧作家也多有据白诗故事进行再创作，如白朴、洪升根据《长恨歌》分别作《梧桐雨》、《长生殿》；马致远、蒋士铨据《琵琶行》分别作《青衫泪》、《四弦秋》。白诗词句，也多为宋、元、明话本所采用。

白居易不属韩柳文学团体，但也是新体古文的倡导者和创作者。其《策林》75篇，识见卓著，议论风发，词畅意深，是追踪贾谊《治安策》的政论文；《与元九书》洋洋洒洒，夹叙夹议，是唐代文学批评的重要文献。《草堂记》、《冷泉亭记》、《三游洞序》、《荔枝图序》等文，均文笔简洁，旨趣隽永，为唐代散文中的优秀之作。白居易还是词创作的有力推动者，《忆江南》、《浪淘沙》、《花非花》、《长相思》诸小令，为文人词发展开拓了道路。

现存最早的《白氏文集》是南宋绍兴刻本。明马元调重刻本和日本那波道园1618年本与绍兴本基本相同。清初汪立名《白香山诗集》仅收诗。今人顾学颉以绍兴本为底本，参校各本而成《白居易集》及《外集》，附白氏传记、白集重要序跋和简要年谱。近人陈寅恪有《元白诗笺证稿》、陈友琴编

《古典文学研究资料汇编·白居易卷》、日本花房英树《白居易研究》等，都是研究白居易的重要参考书籍。

《花间集》——词史上的一块里程碑

《花间集》是晚唐五代词选集。编者赵崇祚，字弘基。生平事迹不详。在1900年敦煌石室藏《云谣集》发现之前，《花间集》被认为是最早的词选集。

《花间集》是我国最早的一部文人词集，成书于广政三年（940年），共10卷，收录温庭筠、皇甫松、韦庄、薛昭蕴、牛峤、张泌、毛文锡、牛希济、欧阳炯、和凝、顾敻、孙光宪、魏承班、鹿虔扆、阎选、尹鹗、毛熙震、李珣等晚唐五代18位词人的500首词作。代表人物是温庭筠和韦庄，并称"温韦"，其中温又有"花间鼻祖"之称，花间词派亦因《花间集》而得名。欧阳炯《花间集序》描述西蜀词人的创作情景："绮筵公子，绣幌佳人，递叶叶之花笺，文抽丽锦；举纤纤之玉指，拍按香檀。无不清绝之词，用助娇娆之态。自南朝之宫体，扇北里之倡风。"在这种生活背景和文艺风气下所写的词，内容不离风花雪月、惜春伤别，场景无非洞房密室、歌筵酒席，词风自然缛采轻艳，绮靡温馥，充溢着脂香腻粉的气味。《花间集》因此而被认为"格调不高"，陆游在《花间集跋》中说："《花间集》皆唐五代时人作。方斯时，天下岌岌，生民救死不暇，士大夫乃流宕至此。可叹也哉！或者，出于无聊故耶？"但它是研究我国词学史的重要原始资料，也是我国文学艺术宝库中的一份珍贵遗产。

《花间集》内容上虽不无缺点，然而在词史上却是一块里程碑，标志着词体已正式登上文坛。

《花间集》集中而典型地反映了我国早期词史上文人词创作的主体取向、审美情趣、体貌风格和艺术成就，真实地体现了早期词由民间状态向文人创作转换、发展过程的全貌。花间词规范了"词"的文学体裁和美学特征，最终确立了"词"的文学地位，并对宋元明清词人的创作产生了深远影响。

国内现存最早的一个《花间集》刻本是宋绍兴十八年（1148年）刻本。上海古籍出版社2001年标点刊行。

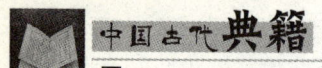

知识链接

《全上古三代秦汉三国六朝文》

清人严可均编，共746卷。该书收录上古至隋代的单篇散文，计作者3497人，除佚名作者外，皆有小传。全书按代汇编，分为全上古三代文、全秦文、全汉文、全后汉文、全三国文、全晋文、全宋文、全齐文、全梁文、全陈文、全后魏文、全北齐文、全周文、全隋文，后又以不明朝代的散文汇为"先唐文"，共十五集。本书的特点在于"全"，搜集面相当广泛，唐以前的单篇散文绝大部分已收入此书。该书的优点还在于一一标明文章的出处，便于读者查对。由于全书篇帙浩大，因此也有错收、漏收、重收等缺点。1958年中华书局曾将此书影印，并对明显错字作简单标记。1965年中华书局再版重印时，增编了《全上古三代秦汉三国六朝文篇名目录及作者索引》。

《苏轼集》——北宋社会生活的一部百科全书

苏轼（1037—1101年），字子瞻，又字和仲，号东坡，四川眉山人。

苏轼一生著作甚丰，早在苏轼生前就有《东坡集》40卷、《后集》20卷、《内制集》10卷、《外制集》3卷、《奏议》15卷、《和陶集》4卷等6种集子刊行，其中《东坡集》是作者亲自编定的。这些集子在宋徽宗崇宁二年（1103年）下诏禁毁。另有《应诏集》10卷，在当时是否刊行，不得而知。至宣和五年（1123年），人们以为崇宁时的禁书令已经时过境迁，不再生效了，于是福建重新印行苏轼的著作集，宋徽宗再次下诏禁毁。这次刊行的集子略有不同，是将苏轼的著作全部汇总、分类，取消"东坡集"、"后集"等名称，而将这些集子中的同类作品编在一起。属于这个系统的苏轼著作集有《东坡大全集》、《东坡备成集》等，所收作品比上述六种集子再加《应诏集》

的总和还多,但也有伪作加入。

苏轼在政治上几次遭受挫折,长期被贬,使他有机会接触到人民的生活和祖国的山河,加上他有很高的文学才能和多方面的艺术修养,又把写作当作日常的功课,从少到老,坚持不懈,所以获得了丰硕的创作成果。他留下了 2700 多首诗、近 300 首词和卷帙繁富的散文作品。他的诗词和散文反映了相当广阔的社会生活面,在读者面前展开了琳琅满目的艺术画卷,可以说是北宋社会生活的一部百科全书。

他写诗不宗一家,而能兼取陶渊明、李白、杜甫、韩愈、白居易、刘禹锡和欧阳修等前辈诗人之长,经过熔铸创造,而自成一家。他非常重视诗歌的社会作用,主张诗歌要"有所为而作",要揭露时弊,"言必中当世之过"。在这种思想指导下,他写下了不少政治诗。揭露社会矛盾,痛斥官场黑暗,同情人民疾苦,并表达了他要求改良政治的愿望。

苏轼

在散文创作方面,苏轼是唐宋八大家之一。他沿着欧阳修开辟的平易畅达、文从字顺的方向发展,体现了宋代散文平易婉转的共同特色。同时,又有他自己的鲜明个性,表现出一种纵横恣肆、挥洒自如的艺术风格。

苏轼的词冲破了专写男女恋情和离愁别绪的狭窄题材,具有广阔的社会内容,在我国词史上占有特殊的地位。他将北宋诗文革新运动的精神,扩大到词的领域,扫除了晚唐五代以来的传统词风,开创了与婉约派并立的豪放词派,扩大了词的题材,丰富了词的意境,冲破了诗庄词媚的界限,对词的革新和发展做出了重大贡献。名作有《念奴娇》、《水调歌头》等。

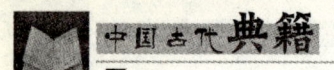

《唐诗三百首》——流传最广、影响最大的唐诗选本

《唐诗三百首》由清代蘅塘退士编选。蘅塘退士（1711—1778 年），原名孙洙，字临西，江苏无锡人。

《唐诗三百首》共选入唐代诗人 77 位，计 310 首诗。其中，五言古诗 33 首，乐府 46 首，七言古诗 28 首，七言律诗 50 首，五言绝句 29 首，七言绝句 51 首。诸诗配有注释和评点。《唐诗三百首》于清乾隆二十九年（1765 年）编辑完成，书的题目有的说脱胎于民谚"熟读唐诗三百首，不会做诗也会吟"，有的说取自"诗三百"，说法各不相同。《唐诗三百首》被世界纪录协会收录为中国流传最广的诗词选集。

中国是诗的国度，唐朝是中国诗歌的巅峰。诗歌是当时文学的最高代表，成为中国传统文学坚实的重要组成部分，也是中华文明靓丽的风景线。唐诗与宋词、元曲并称，题材宽泛，众体兼备，格调高雅，是中国诗歌发展史上的奇迹。唐诗对中国文学的影响极为深远。历朝历代的文人视唐诗为圭臬，奉唐人为典范。7 世纪，孙季良开始编纂唐诗选本，至辛亥革命前 1200 余年间，每两年即有一本唐诗选本问世。众多选本中，以《唐诗三百首》流传最广、影响最大，风行海内，老幼皆宜，雅俗共赏，成为屡印不止的最经典的选本之一。《唐诗三百首》以成功务实的编法、简易适中的篇幅、通俗大众的观点、入选的精美诗歌打动着读者，成为儿童最成功的启蒙教材，了解中国文化的模范读本。

《元曲选》——中国古代戏曲文学的宝库

《元曲选》又名《元人百种曲》，是明代臧懋循编辑的一部杂剧选集。臧懋循（1550—1620 年），字晋叔，号顾渚山人。浙江长兴人。明代戏曲家、戏曲理论家。

全书 100 卷，分 10 集，每集 10 卷。每卷 1 本杂剧。全书分成两批刊印，第一批甲、乙、丙、丁、戊集，刊于万历四十三年（1615 年）；第二批己、庚、辛、癸、酉集，刊于万历四十四年（1616 年）。这些杂剧是他从自家所藏秘本及麻城刘承禧所藏之内府本中遴选出来。刊刻时略作增删，但改动不多,仍是比较忠实原著的。

现存元人杂剧总数不足 200 种,而《元曲选》中所收元代作品,即占现存总数的一半以上。而且,集中收录了关汉卿《感天动地窦娥冤》、《赵盼儿风月救风尘》,白朴《唐明皇秋夜梧桐雨》、《裴少俊墙头马上》,马致远《破幽梦孤雁汉宫秋》,秦简夫《东堂老劝破家子弟》,李文蔚《同乐院燕青博鱼》等众多作家的作品,故影响很大,它对元代杂剧的传播起了重要作用。后世研究元代杂剧,一般都以本书为据。

作为一个杂剧总集,《元曲选》完全可以与闻名遐迩的梁朝萧统编辑的《文选》相媲美,更与其后毛晋编辑出版的《六十种曲》交相辉映,成为一般作者可读,同时又是戏曲研究者必读的首选书目之一。也因为臧懋循的编选成功,使得元杂剧和唐诗、宋词得以醒目地并立文学史林。

《全唐文》——清代官修的唐五代文章总集

《全唐文》是清代官修的唐五代的文章总集,1000 卷。嘉庆十三至十九年(1808—1814)由董诰领衔,阮元、徐松等百余人参加编纂。共收文章 18488 篇,作者 3024 人。每一位学者都附有小传。编次以唐及五代诸帝居首,其次是后妃、诸王、公主,再次为各朝作者、释道、闺秀、宦官、四裔附编书末。

清宫原藏有《唐文》稿本 160 册,清仁宗认为它"体例未协,选择不精",于是下令重编。该书即在这一稿本基础上,用《文苑英华》、《唐文粹》等总集补其缺略,又从《永乐大典》辑录了唐文的单篇残段,并旁采他书和金石资料编校而成。它汇集了唐朝及五代的文章,为学者查阅使用这些资料提供了方便。但该书在编纂、考订上还有不少缺点,包括文章漏收、误收、重出,作者弄错,题目和正文的讹脱,小传记事不确,采用的书不注出处等等。清劳格和现代学者岑仲勉在读本书的《札记》中曾举出上述问题约四五百条。

该书编成后,即颁发扬州,由督理两淮盐政阿克当阿等负责校刻,嘉庆二十四年(1819 年)刻成。此即所谓扬州官本。后来又有广雅书局翻刻本。

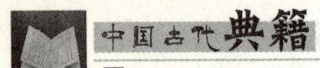

《古文观止》——最为流行的古代散文选本

《古文观止》是自清代以来最为流行的古代散文选本之一，由清人吴楚材（1655—?）、吴调侯叔侄于康熙三十三年（1694年）选定。二吴均是浙江绍兴人，长期设馆授徒，此书是为学生编的教材。除本书外，二吴还编著了《纲鉴易知录》。

《古文观止》所选之文上起先秦，下迄明末，大体反映了先秦至明末散文发展的大致轮廓和主要面貌。其中包括《左传》34篇、《国语》11篇、《公羊传》3篇、《礼记》6篇、《战国策》14篇，韩愈文17篇、柳宗元文8篇、欧阳修文11篇、苏轼文11篇、苏辙文3篇、王安石3篇……共222篇。全书入选之文皆为语言精练、短小精悍、便于传诵的佳作。衡文标准基本上兼顾到思想性与艺术性，当然，所谓思想性是以不违背封建正统观念为基准的。选者以古文为正宗，也不排斥骈文，收入4篇，在当时是难能可贵的。在文章中间或末尾，选者有一些夹批或尾批，对初学者理解文章有一定帮助。体例方面一改前人按文体分类的习惯，而是以时代为经，以作家为纬，该书的价值值得肯定。

《古文观止》由清代吴兴祚审定并作序，序言中称"以此正蒙养而裨后学"，当时为读书人的启蒙读物。康熙三十四年（1695年）正式镂版印刷。书名"古文观止"意指文集所收录的文章代表文言文的最高水平，学习文言文至此观止矣。本书亦有入选不当者，因为选编主要是着眼于考科举时做策论，但作为一种古代散文的入门书，仍有其存在价值。

知识链接

《古诗源》

《古诗源》是唐之前古诗最重要的选本，由清人沈德潜选编。《古诗源》选辑了先秦至隋各个时代的诗歌，也包括一些民歌谣谚，共700余首，分14卷。其中古逸1卷,汉诗3卷,晋诗3卷,宋诗2卷,齐梁诗2卷,陈、北魏、北齐、北周、隋诗各1卷。唐以前的诗歌中,比较著名的篇章(除《诗经》、《楚辞》外)基本都已选录在内。

第四节 诗文评论

《文心雕龙》——我国古典文学批评的奠基性著作

《文心雕龙》又名《文心图雕龙》,古代文学理论著作。该书成书于南朝齐和帝中兴元、二年(501—502年)间,是中国文学理论批评史上第一部有严密体系的文学理论专著。作者刘勰(约公元465—520年),字彦和,中国历史上著名的文学理论家。汉族,祖籍山东莒县(今山东省日照市莒县)东莞镇大沈庄(大沈刘庄)。一部《文心雕龙》奠定了他在中国文学史上和文学批评史上不可或缺的地位。

魏晋时期,中国的文学理论有了很大的发展。到南北朝,逐渐形成繁荣的局面。文学创作和文学理论批评在其历史发展中所积累起来的丰富经验,既为《文心雕龙》的出现准备了条件,也在《文心雕龙》中得到了反映。

《文心雕龙》共10卷,50篇。原分上、下部,各25篇。全书包括四个重

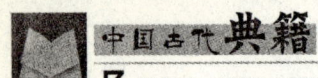

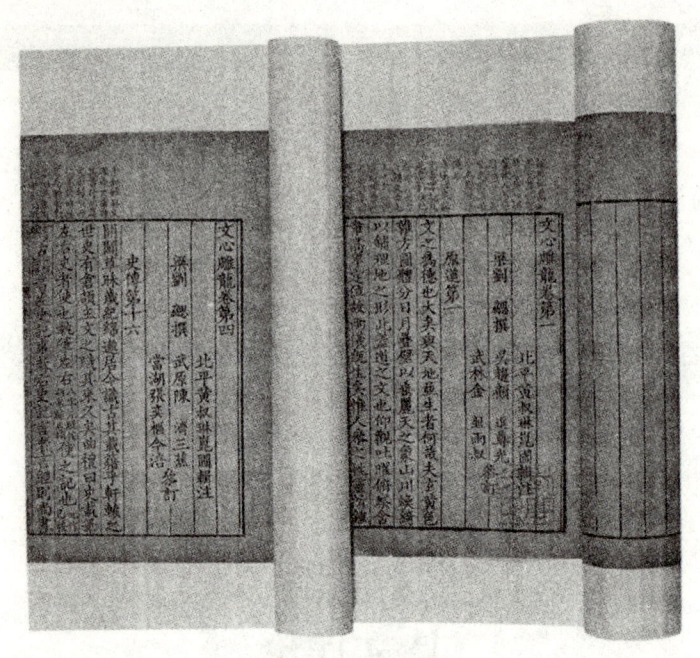

《文心雕龙》书影

要方面。上部从《原道》至《辨骚》的5篇，是全书的纲领，而其核心则是《原道》、《征圣》、《宗经》3篇，要求一切要本之于道，稽诸于圣，宗之于经。从《明诗》到《书记》的20篇，以"论文序笔"为中心，对各种文体源流及作家、作品逐一进行研究和评价。以有韵文为对象的"论文"部分中，以《明诗》、《乐府》、《诠赋》等篇较重要；以无韵文为对象的"序笔"部分中，则以《史传》、《诸子》、《论说》等篇意义较大。下部，从《神思》到《物色》的20篇（《时序》不计在内），以"剖情析采"为中心，重点研究有关创作过程中各个方面的问题，是创作论。《时序》、《才略》、《知音》、《程器》等4篇，则主要是文学史论和批评鉴赏论。下部的这两个部分，是全书的精华所在。以上四个方面共49篇，加上最后叙述作者写作此书的动机、态度、原则，共50篇。

《文心雕龙》全书以孔子美学思想为基础，兼采道家，全面总结了齐梁以前的美学成果，细致地探索和论述了语言文学的审美本质及其创造、鉴赏的美学规律。它提出的"辞约而旨丰，事近而喻远"、"隐之为体，义主文外"、"文外之重旨"、"使玩之者无穷，味之者不厌"等说法，虽不完全是刘勰的独创，但对文学语言的有限与无限、确定性与非确定性之间相互统一的审美特征，作了比前人更为具体的说明。刘勰对文学的形式也给予了极大的重视。从语言文学的角度总结了平衡、对称、变化、统一等形式美的规律。

《文心雕龙》在中国文学理论批评史上是一部名副其实的"体大而虑周"、"笼罩群言"、富有卓识的专著，是中国文学理论批评史上的一份十分宝贵的遗产，受到了世界上许多国家的理论工作者越来越多的重视。

古代对《文心雕龙》的研究、注释、翻译著述颇多。现存最早写本为唐写本残卷（藏北京图书馆）。以上海古籍出版社影印元至正本为最早版本，并有《四部丛刊》影印明嘉靖本。

《诗品》——我国古代第一部诗论专著

《诗品》是在刘勰《文心雕龙》以后出现的一部品评诗歌的文学批评名著。撰者钟嵘，字仲伟，南朝颍川长社（今河南长葛）人，生卒年不详。《诗品》的写作时间，根据有关材料推断，大约是在梁武帝天监元年至十二年（502—513年）间。

《诗品》所论的范围主要是五言诗。全书共品评了两汉至梁代的诗人122人，计上品11人，中品39人，下品72人。

钟嵘论诗有一个重大特色，就是他善于概括诗人独特的艺术风格。他概括诗歌风格主要是从以下几方面着眼：一是论赋比兴，二是论风骨和词采，三是重视诗味，四是注意摘引和称道诗中佳句。

《诗品》对后代诗歌的批评有很大的影响。唐司空图，宋严羽、敖陶孙，明胡应麟，清王士禛、袁枚、洪亮吉等人论诗都在观点上、方法上或词句形式上受到它不同程度的启发和影响。

《诗品》版本很多，现存最早的版本是元延祐庚申（1320）圆沙书院刊宋章如愚《山堂先生群书考索》本，现藏北京大学图书馆。通行《历代诗话》本。

《六一诗话》——我国第一部诗话作品

《六一诗话》一卷，北宋欧阳修撰，开历代"诗话"之先河。欧阳修（1007—1072年），字永叔，号醉翁，晚号"六一居士"，吉州永丰（今江西省永丰县）人，因吉州原属庐陵郡，喜欢以"庐陵欧阳修"自居。谥号文忠，

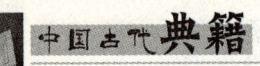

世称欧阳文忠公，北宋卓越的政治家、文学家、史学家，"唐宋八大家"之一。后人又将其与韩愈、柳宗元和苏轼合称"千古文章四大家"。一生的主要著作，有周必大等编定的《欧阳文忠公文集》153 卷，约百万言。另外，史学著作有奉诏与宋祁等合作编著的《新唐书》，并有他自己独家编纂的《新五代史》74 卷。

原书只称《诗话》，因欧阳修晚年自号"六一居士"，故名《六一诗话》。全书共 28 条，各则诗话条目之间的排列并没有逻辑联系，以漫谈随笔形式评论诗歌，记录轶闻趣事和瞬间感想所得，篇幅虽小，内容颇丰，有对诗歌规律、特性的探求，有佳句赏析，有掌故轶事介绍、谬说更正等等。书中提出的"诗穷而后工"、"意新语工"等论点，体现出欧阳修追求冲淡雅正、天然和平之美的美学思想。

欧阳修曾为北宋诗坛盟主，也是唐宋八大家之一，对创作甘苦有深切体会，其诗话多能点到艺术奥妙之处，其中对人物典故的记叙，为珍贵之史料；对诗人的品评，大多准确中肯，足资借鉴。他开启了宋人论诗的风气，又首告采用随笔的形式创造出一种新的适合民族思维模式的批评形态，对后代诗话的写作和发展产生了深远的影响。

此书在北宋已广为流传，主要版本有《历代诗话》本，现代有人民文学出版社《六一诗话》、《白石诗说》、《滹南诗话》合订本。

第五节 类书丛书

《太平广记》——规模巨大的古代文言小说总集

《太平广记》因为它编成于宋代太平兴国三年（978 年），所以定名为《太平广记》。全书 500 卷，目录 10 卷，取材于汉代至宋初的野史小说及释藏、道经等和以小说家为主的杂著，属于类书。宋代李昉、扈蒙、李穆、徐铉、赵邻几、王克贞、宋白、吕文仲等12人奉宋太宗之命编纂，开始于太平兴国二年（977年），次年完成。

《太平广记》引书大约400多种，一般在每篇之末都注明了来源，但偶尔有些错误，造成同书异名或异书同名，因而不能根据它作出精确的统计。在书前有一个引用书目，共343种，可是与书中实际引出数目并不符合，大概是宋代之后的人补加的。《太平广记》是分类编的，按主题分92大类，下面又分150多小类，例如畜兽部下又分牛、马、骆驼、驴、犬、羊、豕等细目，查起来比较方便。从内容上看，收得最多的是小说，实际上可以说是一部宋代之前的小说总集。其中有不少书现在已经失传了，只能在本书里看到它的遗文。许多唐代和唐代以前的小说，就靠《太平广记》而保存了下来。

《太平广记》对于后世文学的影响很大。宋代以后，唐人小说单行本已逐渐散失，话本、杂剧、诸宫调等多从《太平广记》一书中选取题材、转引故事，加以演绎。宋人蔡蕃曾节取书中的资料，编为《鹿革事类》、《鹿革文类》各30卷。明人冯梦龙又据本书改编为《太平广记钞》80卷。明清人编的《古今说海》、《五朝小说》、《说郛》、《唐人说荟》等书，则往往转引《太平广记》而改题篇目，假托作者，研究者亦可据此书加以考订。

《太平广记》在明代以前很少刻本流传，原书已有缺佚舛误。明嘉靖四十五年（1566年），谈恺据传钞本加以校补，刻板重印，成为现存最早的版本，以后的几种刻本多从谈刻本出。另有沈与文野竹斋钞本和陈鳣校宋本。通行的版本是经过汪绍楹校点的排印本，1959年由人民文学出版社出版，1961年中华书局重印新一版。

知识链接

《文苑英华》

《文苑英华》是北宋四大部书之一，文学类书。宋太宗赵炅命李昉、徐

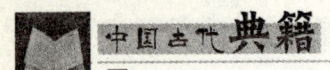

铉、宋白及苏易简等20余人共同编纂。太平兴国七年（982年）开始，雍熙三年（986年）完成。宋真宗赵恒时曾进行几次修订。宋孝宗赵时又命专人作了校订，最后经周必大、胡柯和彭叔夏复校，于嘉泰元年（1201年）开始刻版，四年完工。

全书1 000卷，上继《文选》起自萧梁，下讫晚唐五代，选录作家2 000余人，作品近20 000篇。按文体分赋、诗、歌行、杂文、中书制诰、翰林制诰等39类（如把谥册和哀册合并则为38类）。每类之中又按题材分若干子目，如赋类下分天象、岁时、地、水、帝德、京都等42小类。书中约十分之一是南北朝作品，十分之九是唐人作品。多数是根据当时流传不多的抄本诗文集收录的，保存了不少有价值的文献资料；校记里还附注有别本的异文，可以用以辑补校勘唐人的诗文集。清朝纂修《全唐诗》、《全唐文》和《四库全书》时，都曾用作参考。《文苑英华》中收录不少诏诰、书判、表疏、碑志，还可以用来考订史实。

本书流传不广。明嘉靖四十五年（1566），胡维新等根据传抄本重新刻印。1966年中华书局用宋刻本140卷和明刻本860卷配齐影印，并附录了彭叔夏的《文苑英华辨证》及劳格的《文苑英华辨证拾遗》。

《永乐大典》——中国历史上最大的一部百科全书

《永乐大典》是明永乐年间编纂的一部大型类书。全书目录60卷，正文22877卷，装成11 095册。这一古代文化宝库汇集了古今图书七八千种。明成祖时《永乐大典》的纂修，是我国文化史上的一件大事。如此一部规模宏大的类书，永乐帝当时未能毅然付之刊印，仅抄写一部，存于皇宫深院中。嘉靖末年虽抄写成副本，而正本却杳如黄鹤，不知踪迹。副本《永乐大典》清代收藏不善，续有遗失；近代更是被八国联军焚毁、劫掠。至今残存的嘉靖副本由于其重要的文献价值，仍被学术界视为珍宝。据统计，现在嘉靖副

第五章　集部典籍

本《永乐大典》在全球范围尚存400余册，其中223册存藏国内，国家图书馆馆藏221册。

《永乐大典》汇集了上自先秦、下迄明初的8 000余种典籍。除了著名的经史子集，还有哲学、文学、历史、地理、宗教、医卜等各类著作，包罗万象，是中国历史上最大的一部百科全书，它比著名的《不列颠百科全书》成书年代早了300多年。

《永乐大典》书影

《永乐大典》内容包括诗文、戏曲、僧、道、医药、工艺等方方面面。其中还收录了许多后世已经残缺或佚失的珍贵书籍，如《薛仁贵征辽事略》、宋本《水经注》等。其所征引的材料，都是完整地抄录原文，因而许多宝贵的文献能保存其原貌。人们称《永乐大典》为"辑佚明初以前珍本秘籍的宝库"。

《永乐大典》的编排方式非常科学，有点类似于今天字典的拼音检字法，只是当时依据的是明朝的《洪武正韵》。其体例是"用韵以统字，用字以系事"。也就是说，每个韵目下有很多单字，每个单字下分列与之相关的天文、地理、人事、名物以及诗文词曲等各方面的内容。

在书的前面，用不同的字体演绎一个"门"字。端庄的楷书、狂放的草书、秀美的隶书，尽显汉字的魅力。这册书引用古书66种，插图46幅。它记载了中国古代不同等级的门，如白虎门、玄武门等，以及门的结构、类别、式样和奇闻逸事，丰富多彩。

《永乐大典》于永乐六年（1408年）编修完成，被收藏于南京的文渊阁。永乐十九年（1421年），明成祖朱棣迁都北京，也将《永乐大典》带到了京城，收藏在皇宫内的文渊阁。

《永乐大典》不仅篇幅巨大，收集广泛，而且缮写工整，书中的文字全部用毛笔以楷书写成，每半页八行，大字占一行，小字抄成双行，每行28个字。《永乐大典》中还有许多精致的插图，山川地形都以白描手法绘制图形，形态逼真。书为硬裱书面，由粗黄布包着，典雅庄重，被中外专家学者誉为有史以来世界上罕见的珍品。

《古今图书集成》——现存规模最大、保存最完整的类书

古今图书集成，原名《文献汇编》或称《古今图书汇编》，原系康熙三皇子胤祉奉康熙之命与侍读陈梦雷等编纂的一部大型类书。陈梦雷（1650—1741年）字则震，号省斋，号天一道人，晚年又号松鹤老人。清闽县（今福州市）人。该书始编于康熙四十年（1701年），印制完成于雍正六年（1728年），历时两朝28年。康熙皇帝钦赐书名，雍正皇帝写序，《古今图书集成》为此冠名"钦定"。

该书采集广博，内容丰富，正文10 000卷，目录40卷，共分为5 020册，520函，42万余筒子页，1.6亿万字，内容分为6汇编、32典、6 117部。全书按天、地、人、物、事次序展开，规模宏大，分类细密，纵横交错，举凡天文地理、人伦规范、文史哲学、自然艺术、经济政治、教育科举、农桑渔牧、医药良方、百家考工等无所不包，图文并茂，因而成为查找古代资料

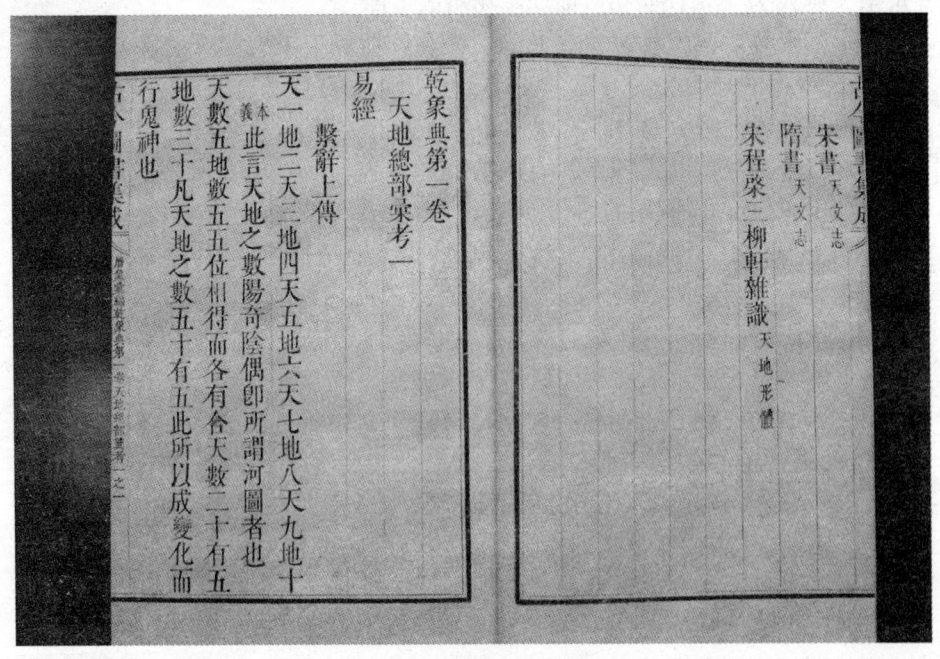

《古今图书集成》书影

文献十分重要的百科全书。

由于之后的《四库全书》受清文字狱的影响，大量书籍被列为禁书，遭到销毁删改，因此收书不全，错漏甚多。而成书时间较早的《古今图书集成》则收录了《四库全书》不收或未曾收录的典籍，还包括康熙晚年所出的律令、方志等。被称为"古代百科全书"的《古今图书集成》，与《永乐大典》、《四库全书》并列为中国古代三部皇家巨作。成书于明朝的《永乐大典》属于类书，因毁于清朝八国联军的战乱，现存不足4%；成书于清乾隆年间的《四库全书》属于现存最大的丛书；成书于清雍正年间的《古今图书集成》由于有国家图书馆至今保存完好的雍正版内府铜活字本，成为现存规模最大、保存最完整的类书。作为"类书之最"，该书也是中国铜活字印刷上卷帙最浩繁，印制最精美的一部旷世奇作。

《四库全书》——中国古代最大的一部丛书

《四库全书》是中国古代最大的一部官修书，也是中国古代最大的一部丛书。清乾隆三十七年（1772年）开始编纂，经10年编成。清代乾隆初年，学者周永年提出"儒藏说"，主张把儒家著作集中在一起，供人借阅。此说得到社会的广泛响应，这是编纂《四库全书》的社会基础。《四库全书》誊缮七部，分藏于紫禁城内的文渊阁、盛京（今沈阳）宫内的文溯阁、北京圆明园的文源阁、河北承德避暑山庄的文津阁，此为北四阁，又称为内廷四阁，仅供皇室阅览。另三部藏于扬州的文汇阁、镇江的文宗阁、杭州的文澜阁，即浙江三阁，又称南三阁，南三阁允许文人入阁阅览。据文津阁藏本，该书共收录古籍3 503种、79 337卷、装订成36 000余册，保存了丰富的文献资料。另外，《〈四库全书〉总目提要》又是一部重要的目录学著作。

《四库全书》的内容是十分丰富的。按照内容分类，包括4部44类66属。分经、史、子、集四部，故名四库。经部包括易类、书类、诗类、礼类、春秋类、孝经类、五经总义类、四书类、乐类、小学类等10个大类。其中，礼类又分周礼、仪礼、礼记、三礼总义、通礼、杂礼书6属；小学类又分训诂、字书、韵书3属；史部包括正史类、编年类、纪事本末类、杂史类、别史类、诏令奏议类、传记类、史钞类、载记类、时令类、地理类、职官类、政书类、目录类、史评类等15个大类。其中，诏令奏议类又分诏令、奏议2属；传记类又分圣贤、名人、总录、杂录、别录5属；地理类又分宫殿疏、

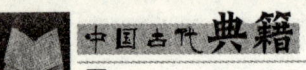

总志、都会郡县、河渠、边防、山川、古迹、杂记、游记、外记10属；职官类又分官制、官箴2属；政书类又分通制、典礼、邦计、军政、法令、考工6属；目录类又分经籍、金石2属。子部包括儒家类、兵家类、法家类、农家类、医家类、天文算法类、术数类、艺术类、谱录类、杂家类、类书类、小说家类、释家类、道家类等14大类。其中，天文算法类又分推步、算书2属；术数类又分数学、占候、相宅相墓、占卜、命书相书、阴阳五行、杂技术7属；艺术类又分书画、琴谱、篆刻、杂技4属；谱录类又分器物、食谱、草木鸟兽虫鱼3属，杂家类又分杂学、杂考、杂说、杂品、杂纂、杂编6属，小说家类又分杂事、异闻、琐语3属；集部包括楚辞、别集、总集、诗文评、词曲等5个大类。其中，词曲类又分词集、词选、词话、词谱词韵、南北曲5属。除了章回小说、戏剧著作之外，以上门类基本上包括了社会上流布的各种图书。就著者而言，包括妇女、僧人、道家、宦官、军人、帝王、外国人等在内的各类人物的著作。

从《四库全书》修成至今已有200余年。七部之中，文源阁本、文宗阁本和文汇阁本已荡然无存，只有文渊阁本、文津阁本、文溯阁本和文澜阁本传世至今。文渊阁本今藏台湾省，文津阁本今藏北京图书馆，文溯阁本今藏甘肃省图书馆。文澜阁本在战火中多所残阙，后来递经补抄，基本补齐，今藏浙江省图书馆。

图片授权

全景网

壹图网

中华图片库

林静文化摄影部

敬 启

本书图片的编选，参阅了一些网站和公共图库。由于联系上的困难，我们与部分入选图片的作者未能取得联系，谨致深深的歉意。敬请图片原作者见到本书后，及时与我们联系，以便我们按国家有关规定支付稿酬并赠送样书。

联系邮箱：932389463@qq.com

参考书目

1. 仝建平，谢耀亭．经史子集：中国古代的文化典籍．北京：北京希望出版社．2012
2. 姚伟钧，刘朴兵，鞠明库．中国饮食典籍史．上海：上海古籍出版社．2011
3. 国家图书馆古籍馆《中国典籍与文化》编辑部．中国典籍与文化（第四辑）．北京：北京图书馆出版社．2010
4. 屈宝坤．中国读本——中国古代著名科学典籍．北京：中国国际广播出版社．2009
5. 席广辉．中华典籍经典百句丛书古文观止经典百句．合肥：黄山书社．2008
6. 吴孟复．国学典籍阅读要义．北京：中国书店出版社．2008
7. 陈文华．中国茶文化典籍选读．南昌：江西教育出版社．2008
8. 高华平．中国文化典籍选读．上海：华中师范大学出版社．2007
9. 张弓．敦煌典籍与唐五代历史文化．北京：中国社会科学出版社．2006
10. 胡道静．中国古代典籍十讲．上海：复旦大学出版社．2004
11. 金健民．中国古代典籍中的自然科学思想．济南：山东大学出版社．2004
12. 王玉德，杨昶．神秘文化典籍大观．南宁：广西人民出版社．2004
13. 《中国典籍与文化》编辑部．中国典籍与文化论丛．北京：中华书局．2000
14. 屈宝坤．中国古代著名科学典籍．北京：商务印书馆．1998
15. 张新民．中华典籍与学术文化／学术文丛．南宁：广西师范大学出版社．1998

中国传统民俗文化丛书

一、古代人物系列（9本）
  1. 中国古代乞丐
  2. 中国古代道士
  3. 中国古代名帝
  4. 中国古代名将
  5. 中国古代名相
  6. 中国古代文人
  7. 中国古代高僧
  8. 中国古代太监
  9. 中国古代侠士

二、古代民俗系列（8本）
  1. 中国古代民俗
  2. 中国古代玩具
  3. 中国古代服饰
  4. 中国古代丧葬
  5. 中国古代节日
  6. 中国古代面具
  7. 中国古代祭祀
  8. 中国古代剪纸

三、古代收藏系列（16本）
  1. 中国古代金银器
  2. 中国古代漆器
  3. 中国古代藏书
  4. 中国古代石雕
  5. 中国古代雕刻
  6. 中国古代书法
  7. 中国古代木雕
  8. 中国古代玉器
  9. 中国古代青铜器
  10. 中国古代瓷器
  11. 中国古代钱币
  12. 中国古代酒具
  13. 中国古代家具
  14. 中国古代陶器
  15. 中国古代年画
  16. 中国古代砖雕

四、古代建筑系列（12本）
  1. 中国古代建筑
  2. 中国古代城墙
  3. 中国古代陵墓
  4. 中国古代砖瓦
  5. 中国古代桥梁
  6. 中国古塔
  7. 中国古镇
  8. 中国古代楼阁
  9. 中国古都
  10. 中国古代长城
  11. 中国古代宫殿
  12. 中国古代寺庙

五、古代科学技术系列（14本）

1. 中国古代科技
2. 中国古代农业
3. 中国古代水利
4. 中国古代医学
5. 中国古代版画
6. 中国古代养殖
7. 中国古代船舶
8. 中国古代兵器
9. 中国古代纺织与印染
10. 中国古代农具
11. 中国古代园艺
12. 中国古代天文历法
13. 中国古代印刷
14. 中国古代地理

六、古代政治经济制度系列（13本）

1. 中国古代经济
2. 中国古代科举
3. 中国古代邮驿
4. 中国古代赋税
5. 中国古代关隘
6. 中国古代交通
7. 中国古代商号
8. 中国古代官制
9. 中国古代航海
10. 中国古代贸易
11. 中国古代军队
12. 中国古代法律
13. 中国古代战争

七、古代文化系列（17本）

1. 中国古代婚姻
2. 中国古代武术
3. 中国古代城市
4. 中国古代教育
5. 中国古代家训
6. 中国古代书院
7. 中国古代典籍
8. 中国古代石窟
9. 中国古代战场
10. 中国古代礼仪
11. 中国古村落
12. 中国古代体育
13. 中国古代姓氏
14. 中国古代文房四宝
15. 中国古代饮食
16. 中国古代娱乐
17. 中国古代兵书

八、古代艺术系列（11本）

1. 中国古代艺术
2. 中国古代戏曲
3. 中国古代绘画
4. 中国古代音乐
5. 中国古代文学
6. 中国古代乐器
7. 中国古代刺绣
8. 中国古代碑刻
9. 中国古代舞蹈
10. 中国古代篆刻
11. 中国古代杂技